新卒はベンチャー企業へ行きなさい

AI共存時代の「稼ぐ力」の磨き方

株式会社スタートライズ代表取締役
清水 宏 Shimizu Hiroshi

GENTOSHA 幻冬舎

プロローグ

あなたは、働く場所を、
どんな基準で選んでいますか？

ふと、どこからか、こんな会話が聞こえてきます。

「そろそろ就職考えなきゃな。おまえ、どこか行きたい企業とかあるの？」
「うーーん、三菱東京ＵＦＪ銀行か、野村證券かな〜」
「ふーん、なんで？」
「全部大手だから、行けたらすごくね⁉」

それを聞いて思ったのです。

大手企業に就職することで、
「かっこいい」とか、
「すごい」とか言って、
本当に自分の価値を高めることになるのだろうか？

大手企業に滑り込むことさえできれば、
明るい未来は間違いない、と信じていますか？

「たとえ、出世コースから外れても、
大企業のブランドをぶら下げていられる」

「腐っても大手は大手」

「親を安心させたいから、やっぱり大手だな」

そんな動機から、就職活動をして、
なんとか、大手企業に内定をもらっても、
本当に安心や安定はあるでしょうか？

果たして、心から納得して、
生涯、生き生きと働き続けることができるでしょうか？

そして、既に社会人として働いている人にも質問します。

今の仕事は楽しいですか？
そして、充実していますか？
先輩社員や上司は、目指すべき姿ですか？

その場所であなたが働き続ける年数は、
今が20代なら、あと50年ほど、

30代なら、あと40年ほどになります。
寿命100年時代と呼ばれるこの時代ですから、もっと長いかもしれません。

それほどの長い年月を、
生き生きと働いている自分がイメージできていますか？

働く環境も、仕事内容も、10年前と大きく変わりました。
そして、これから10年、その変化はさらに大きくなります。

変化の中には、リスクもチャンスも混在しています。

では、どのように、働く場所を選び、
働き方を考えていくべきなのでしょうか？

5年後、10年後に、

「こんなはずじゃなかった……」

と思わないために、

今、あなたがすべきことは何でしょうか？

その一つの解を本書にまとめました。

はじめに

プロローグを読んで「ドキッ」としましたか？

就職や転職、あるいは起業を考えている人であれば、世の中の変化に無関心ではいられませんよね？

経済のグローバル化、生産年齢人口の減少、超少子化・超高齢化社会の到来、長引くデフレ不況、ＡＩとロボットの飛躍的進歩……。

私たちを取り巻く環境は大きなうねりの中にあります。

そして大手有名企業のリストラや工場閉鎖、外資による買収や事業の売却など、これまで安定した人生を約束してくれると思われてきた企業が衰退し、多くの人に困惑をもたらしています。

その一方では、ＩＴ系ベンチャー企業が新しいビジネスモデルやライフスタイルを創造して、人々の暮らしぶりを変革するまでに急成長して存在感を示しています。

2013年には英オックスフォード大学のマイケル・オズボーン准教授が、10〜20年後には現在の仕事の47%が機械に取って代わられているという論文を発表して注目されました。

しかし、現在も学生たちが就職したい企業ランキングを見ると、その上位を占める企業にはこの10年ほとんど変化がありません。

相変わらず、誰もが知っている超有名企業ばかりが名を連ねています。

私はそのランキングを見て、学生たちやその親の世代の人たちが、時代の変化に気付いていないのか、それとも敢えて目を背けているのかと訝しむほどです。

いや、むしろ学生たちの安定志向は強まっているのかもしれません。不確定な時代だからこそ、安定神話にすがり付こうとしているのかもしれません。

しかし気付くべきです。

これからの時代は安定にすがることが、むしろハイリスクであるということを。

そして時代は、より柔軟な発想力と好奇心、そしてリスクを恐れない勇気を持ったタフな人材を求めているということを。

そのような時代に、若い人たちが活躍すべき場所はどこか？

その一つの答えが、ベンチャー企業で働くという選択肢です。昨今は、映画でも漫画でも海賊ブームです。この現象は、実は多くの人が既存のルールや固定観念に縛られない自由な生き方に憧れていることを示しているのではないでしょうか。

さすがに今の日本で海賊はありえませんが、ベンチャー企業こそは現代の海賊であると言えます。

「海軍に入るより、海賊であれ」

これはアップル社の創業者であるスティーブ・ジョブズの有名な言葉です。

彼は若者たちに、自分の可能性を封印するなと呼びかけました。

それならば、どうすれば自分の可能性を試せるのか。

それをこれから皆さんと一緒に、考えていきましょう。

新卒はベンチャー企業へ行きなさい　目次

第2章 大企業に就職しても3年で辞めていく若者たち

第3章

ベンチャー企業にこそチャンスが転がっている

第4章 ▼ ベンチャー企業で伸ばせる稼ぐ力

第5章 あなたを幸せにする ベンチャー企業の見つけ方

第6章 ベンチャー企業に向いている人、向いていない人

第7章 これからの時代に身に付けておきたいスキル

おわりに

編集協力　吉田浩（天才工場）
早川愛（AISAI）
地蔵重樹
装　幀　小松学（ZUGA）
DTP　美創

第1章

会社に就職・転職する前に考えておくべき社会の大変化

▼少子高齢化社会がもたらす働き方の変化（売り手市場の時代の就職）

本書では、皆さんと一緒にこれからの働き方について考えていきます。そのヒントとして、就職活動をしている人たちの数がどのような状況にあるのかなど、皆さんが置かれている現在の社会状況について把握しておく必要があります。

そこでまずは次ページのグラフを見てください。

このグラフは内閣府のサイト『1　高齢化の現状と将来像－平成28年版高齢社会白書（全体版）－内閣府』（http://www8.cao.go.jp/kourei/whitepaper/w-2016/html/zenbun/s1_1_1.html）からダウンロードしたデータをグラフ化したものです。

年齢層ごとの人口の推移を、１９５０年から２０１５年までは実績値で、それ以降は推計値で表しています。

このグラフの15歳から64歳までの部分がいわゆる生産人口になります。本稿を執筆しているのは２０１７年ですから、このグラフ上では２０１５年の７７０８万人が直近の生産人口となります。

高齢化の推移と将来推計

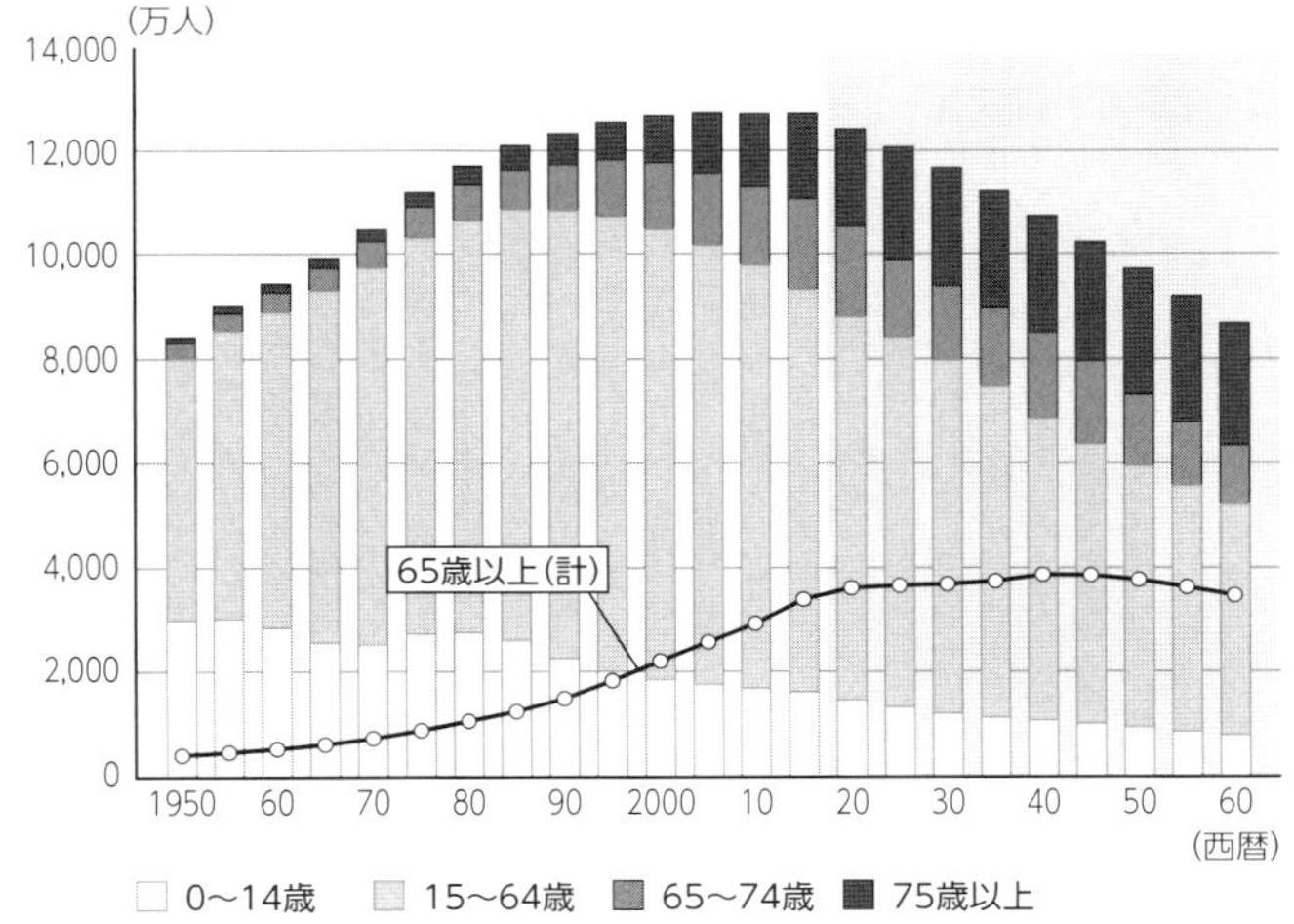

そしてこの生産人口は、ここをピークにして減少していくという推計になっているのですね。全人口（つまり棒グラフの棒の長さ）も減少していますが、その最も大きな要因がこの生産人口の減少であることがわかります。

このような推計があるため、国の政策としても働き方改革を打ち出して、働ける年齢を引き上げたり、女性の社会進出を促したり、あるいは海外からの労働力確保により生産人口を支えようとしています。

本書ではその政策が正しいかどうかについては言及しません。あくまで、現在の社会背景として、私たちが生産人口が減少し始めるターニングポイントにいるということを知っておいてください。

つまり、ここしばらくは、就職市場においては売り手市場にあるということです。

次に、文部科学省のデータなどをもとに作成した次ページのグラフを見てみてください。


このグラフを見ると、平成に入ってからの18歳人口は平成4年の205万人をピークに、平成23年では120万人と半減しています。ところがこの間、大学入学者数は54万人から61万人へとわずかに増えています。

意外ではありませんか？

この大学入学者たちがほぼそのまま卒業していれば、総人口や労働人口の減少が注目されている中で、実は大学卒業生は微増してきたということになります。

さらにもう少しよく見ると、専門学校と短大の入学者数は減少しています。この減少分が大学にシフトしたとも考えられます。

しかし、高校卒業者数が平成4年の181万人から平成23年の106万人に激減していることの影響を考えると、今後は大学入学生は減少に転じることが予想できます。

18歳人口と進学率等の推移

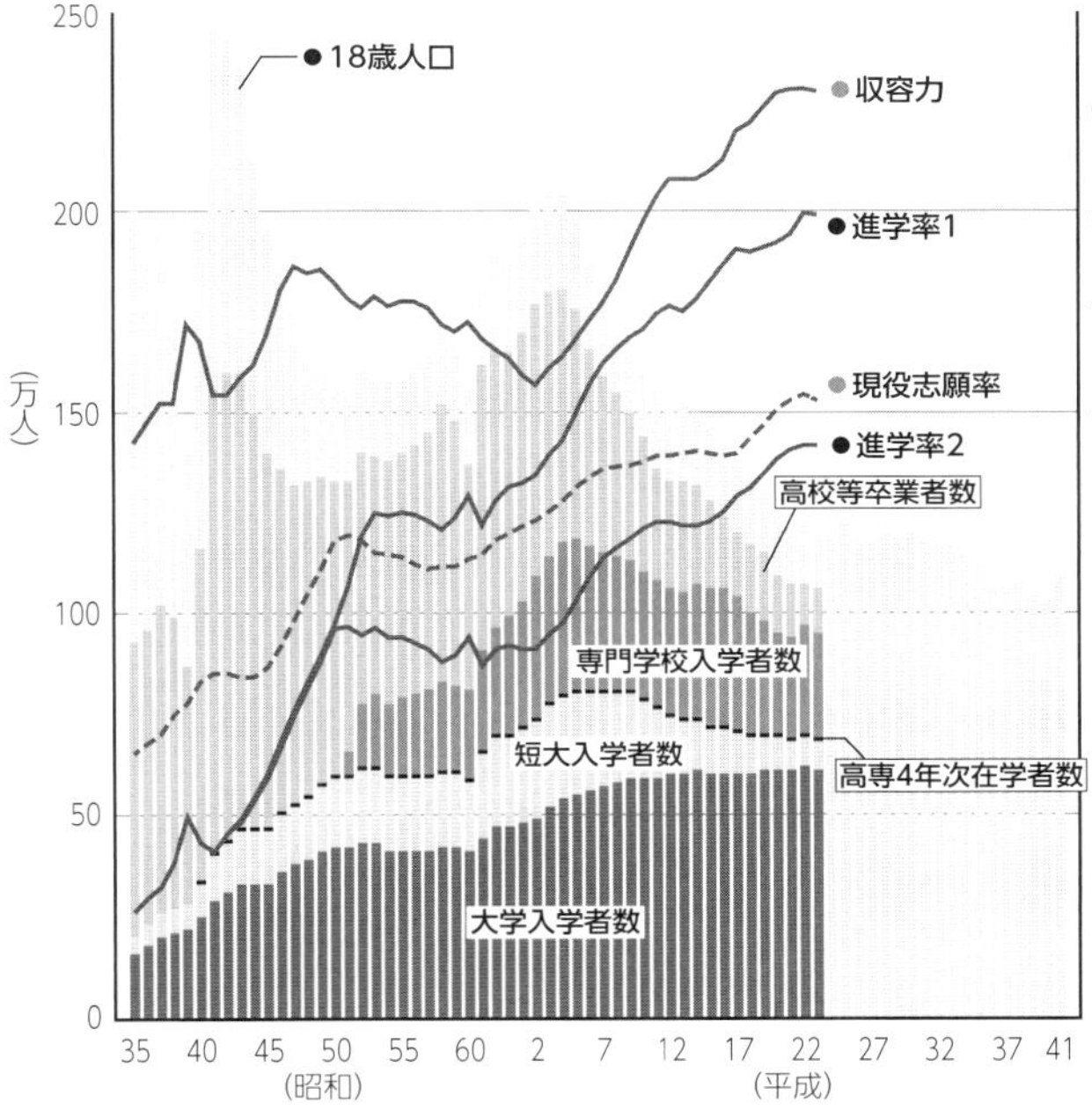

● 18歳人口 → 3年前の中学校卒業者及び中等教育学校前期課程修了者数

● 進学率1 → 当該年度の大学・短大・専門学校の入学者、高専4年次在学者数 / 18歳人口

● 進学率2 → 当該年度の大学・短大の入学者数 / 18歳人口

● 高校等卒業者数 → 高等学校卒業者及び中等教育学校後期課程卒業者数

● 現役志願率 → 当該年度の高校等卒業者数のうち大学・短大へ願書を提出した者の数 / 当該年度の高校等卒業者数

● 収容力 → 当該年度の大学・短大入学者数 / 当該年度の大学・短大志願者数

出典：文部科学省「学校基本調査」、平成36年～41年度については国立社会保障・人口問題研究所「日本の将来推計人口」をもとに作成

その結果、大学卒業生人口がこれまでの微増から減少に転じる可能性があるので、就職市場では短期的には売り手市場が続くと予想できます。

とはいっても、やはり大手有名企業に限って言えば競争率は高いでしょう。あくまで市場全体をならせば売り手市場であろうということです。

つまり、業界や企業の規模・知名度にこだわらなければ、どこかしら就職先や転職先はあるということです。しかも、既に団塊世代が引退し始めていますので現場が人手不足となり、その影響もあって就職市場における売り手市場は続きそうです。

その結果、就職にも転職にも有利な状況になるということです。

それならば、近い将来就活を始める学生たちや、既に働いていながら、さらなるステップアップを目指して転職を検討している20代にとって、しばらくは売り手市場でハッピーな状況が続くのか、というと実は雲行きが怪しくなりそうなのです。

▼就職市場が売り手市場だからといって、5年後は全く楽観視できないこれだけの理由

○東京オリンピックの後に起きること

雲行きを怪しくしているのは、実は2020年に開催される東京オリンピック・パラリンピックです。

三菱東京UFJ銀行が2013年9月に公開した『経済レビュー　これまでの開催国経済にとってのオリンピック、これからの日本経済にとっての2020年東京五輪』(http://www.bk.mufg.jp/report/ecorevi2013/review_01201309200.pdf)というレポートでは、これまでのオリンピック・パラリンピック開催国の経済状況を調査しています。その結果、近年のオリンピック・パラリンピック開催国では、開催4年前頃からGDPが成長し、開催年をピークとして翌年に急激な失速を見せて、その後あまり回復せずに低迷することが報告されています。

つまり、今後2020年のオリンピック・パラリンピックまでは景気が良くなる可

能性が高いのですが、開催後は景気が失速する可能性があるということです。

しかもこの頃から団塊の世代の人たちが、いよいよ後期高齢者になり、お金を使わなくなってくるのではないかと予想できます。

つまり、オリンピック・パラリンピックの開催までは就職市場で売り手市場が続き、就職した人も安心して働いていられるかもしれませんが、開催後は**就職市場が売り手市場ではなくなり、就職先の企業の業績も悪化してリストラが行われる可能性がある**のです。

○AIとロボットが雇用を変える

さらに注意を向けておきたいことに、ＡＩ（人工知能）とロボットの進歩・普及があります。

前述の通り、２０１３年に英オックスフォード大学のマイケル・オズボーン准教授が発表した論文では、10～20年後には47％の仕事が機械に取って代わられることを予測しています。論文発表後の10～20年後といえば、２０２３～２０３３年で、今の高校生や大学生が働き始める時期です。既に働いている20代の人たちにとっては、まさ

仕事が機械化される将来

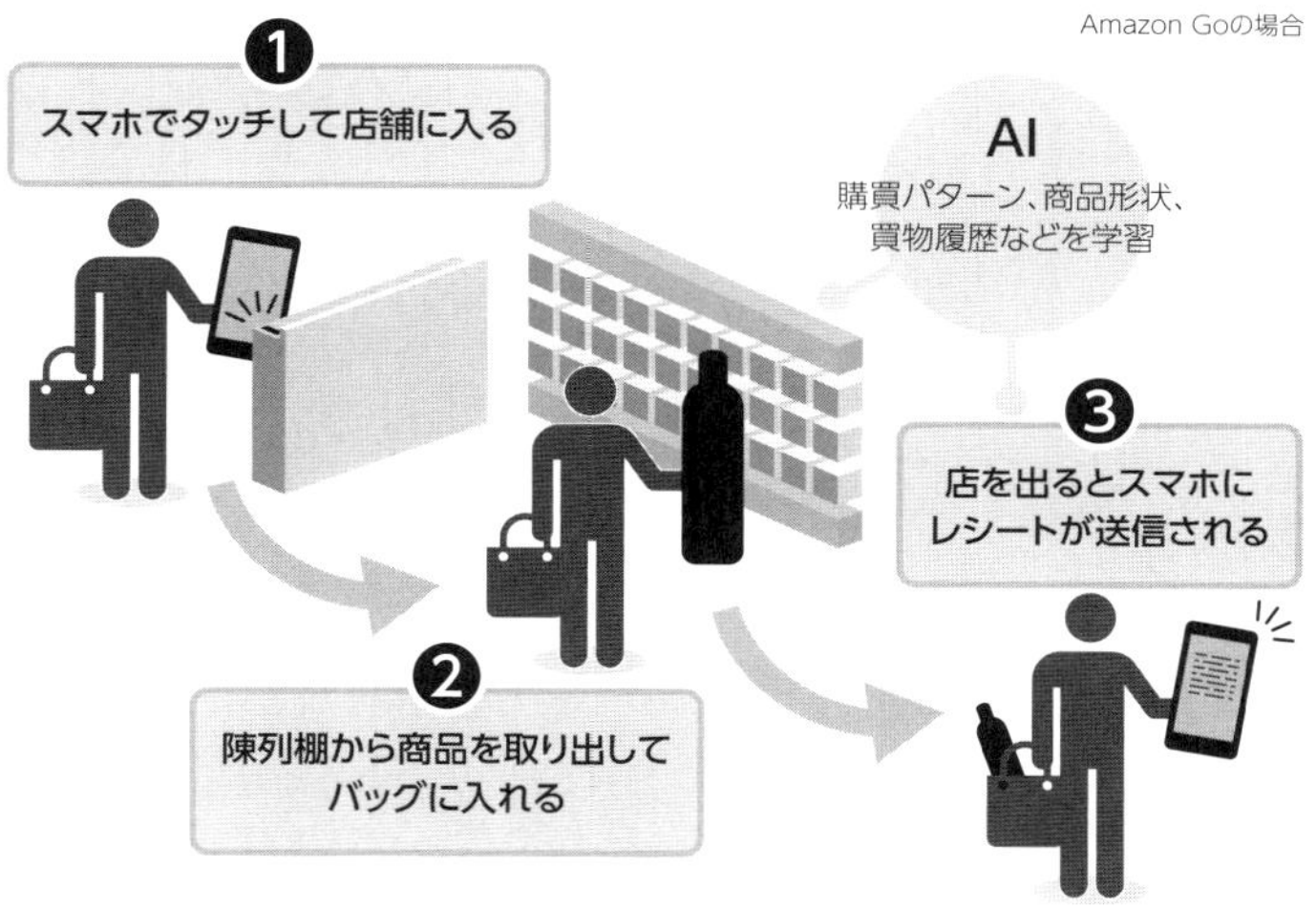
Amazon Goの場合
1
スマホでタッチして店舗に入る
AI
購買パターン、商品形状、
買物履歴などを学習
2
陳列棚から商品を取り出して
バッグに入れる
3
店を出るとスマホに
レシートが送信される

に働き盛りを迎えている頃です。

この変化は既に起き始めており、たとえば米アマゾン・ドット・コムが２０１６年にAmazon Goというレジ不要のスーパーマーケットを実験的にオープンしました。また、日本でもコンビニ大手３社がＩＣタグを利用してレジによる決済を不要化しようという実験を進めています。

つまり、もうすぐレジの無人化もしくはそれに近い人員削減が行われようとしているのです。

もっとも、この例だけでは、「私はレジ係を目指すことは無いから」と思われたかもしれませんね。

それでは次のような例はいかがでしょうか。

ゴールドマン・サックスといえば世界最大級の投資銀行です。同社本社の米国株の取引部門では２０００年には６００名のトレーダーが働いていました。ところが２０１７年現在では、たったの2名しかいません。

株式売買がコンピュータによって自動化されたためです。

驚くべき人員削減ですが、ウォール街では他社もこの変化に追随していますから、ウォール街で多くの失業者が発生することは間違いないでしょう。代わりに必要とされているのは、優れたトレーダーのスキルをコンピュータに移植できる優秀なエンジニアたちです。

それでもまだ、より高度な判断が必要な仕事であれば自動化は無理だろう――私もそのように思っていました。

しかし、それも油断できません。いくつかの法律事務所では、ＡＩの導入による効率化が始められているからです。

たとえば世界40ヵ国以上に弁護士を擁する国際法律事務所のDLA Piperのロンド

ン本社では、これまで弁護士が行っていた大量の契約書から見直すべき箇所を抽出する仕事を、顧客の承認を得た上でＡＩが行うという実験的な方法を導入しています。

また、米国の法律事務所であるBaker&Hostelerも、破産関連の業務にＡＩを導入したことで話題となりました。

いずれもまだ実験段階の域を出ず、最終判断は人間が行っていますが、近い将来、法律関係の業務もＡＩにより効率化されて、人員削減が行われることは想像できます。

他にも多くの仕事が機械に取って代わられる可能性があります。前述のマイケル・オズボーン准教授が行った予測では、小売り販売店やレジ打ちといった単純作業だけでなく、会計士や一般事務員、セールスマン、秘書、コールセンター案内係といった一見機械化が難しそうな職業も機械化されて人員が削減されるランキングの上位を占めています。

もっとも、機械化される職業が多くなる一方で、今は存在しない、新しい職業も増えてくるはずです。

２０１１年に米デューク大学（当時）のキャシー・デビッドソン教授がニューヨーク・タイムズ紙のインタビューで語った内容では、２０１１年にアメリカの小学校に入学した子どもたちが社会に出る頃（これもまた東京オリンピック・パラリンピックのすぐ後ですが）、その**子どもたちの65％は、今はまだ存在しない職業に就くだろう**と予測しています。

○予測が困難な時代の安定志向

このように、人口減少や景気の変動、そしてテクノロジーの進歩等により、社会状況はこれまでの常識だけでは予測が難しい変化を迎えることになるでしょう。

既に大企業や有名企業であれば将来は安泰だといった考えも古いものになっています。

ご存じのように、三洋電機の白物家電部門が中国家電製造大手のハイアールに買収されたり、レナウンが中国の山東如意グループの連結子会社になったり、シャープが台湾に本拠を置く鴻海《ホンハイ》精密工業の傘下になるなど、大企業、有名企業でも何が起きるかわかりません。

外資に買収された企業は、事業名やブランドを残すことができていても、それまで働いていた幹部や社員たちは様々な形で岐路に立たされたと想像できます。

このように、大手だから、有名だから安心だ、あるいはそこの社員ならかっこいいからという動機で会社を選ぶ時代ではなくなっています。これは、実社会を見てきた中高年者の方が肌で感じていることですが、就活中あるいはこれから就活しようとしている学生さんたちには実感できていないようです。

その証拠に、学生が就職したい企業ランキングでは、相も変わらず同じような有名企業や大企業が上位を占め続けています。学生さんたちには、近年の社会情勢の変化を感じることは難しいのでしょうか。

○やりたいことよりも安定の方が大事

このようなランキングを見ていて感じるのは、**多くの若者は安定志向が強く、やりたい仕事や職種ではなく、知名度で就職先を決めたがっている**ということです。

しかし、知名度や規模だけで就職先を選べば将来が約束されるわけではないことは既に述べた通りです。むしろ理不尽な仕打ちを受けるかもしれない、ということは、後ほどお話しします。

さらに、企業の歯車（しかもいつでも取り替えが利く）の一つとして、悶々とした日々を過ごすかもしれないという可能性についても思いを巡らせておくべきです。

たとえば若い人たちに人気の高い大手銀行については、入社しても出世競争が激しいですし、多くの人は銀行でやりたいことがあるわけではないでしょう。

それでも就職できれば親も安心ですし、友人たちにも自慢できるかもしれません。しかも、一般企業よりも高めの収入も約束されます。たとえ出世競争から脱落したとしても（ほとんどの人は脱落しますが）、どんな業務の担当になろうとも、そしてその仕事が面白くなかったとしても、社会的には勝ち組と言われる立場になれるかもしれません。本人も、「○○銀行」の名刺を出すことに優越感を持つかもしれません。

しかも大手銀行であれば、まず倒産の心配は不要です。最悪の事態になった場合でも、国が守ってくれる可能性もあります。

もう一つ人気がある就職先に公務員があります。

あるアンケート調査では、公務員の方々のほとんどは、「自分は公務員になれて幸運である」と思っているそうです。やはり仕事の面白さやり甲斐といったことよりも、安定性に満足しているのだと思います。

このように、就職動機に安定性だけを求めていることを私は非難するつもりはありません。やはり長い人生を生きていく上で、経済的な安定は重要なことだからです。

しかし、そのような考えで就職先を決めようと考えている方は、おそらく本書を手に取ってはいないでしょう。本書に興味を持たれた方は、やり甲斐のある仕事や、チャレンジあってこその人生、そしてより大きな成功を求めている方だと思います。

そして私は、そのような方々に、是非ともやり甲斐や張り合いのある、そしてワクワクするような人生の選択を行って欲しいと思うのです。

▼寿命100年時代のライフスタイル（20代にどんな働き方をすべきか）

ベストセラーとなった『LIFE SHIFT（ライフ・シフト）』（リンダ・グラットン、アンドリュー・スコット著　東洋経済新報社）では、日本の1997年生まれの人たち、つまり本稿執筆時点で20歳の人たちは、その50%が101～102歳まで生きるだろうと予想しています。当然、**若い読者の皆さんの多くが90歳以上まで生きるという確率はさらに高い**わけです。

一方、これから社会人になろうとしている多くの人たちが、大企業や有名企業に入社すれば、生涯安定した生活が保証されるであろうと、漠然と思っているかもしれません。

しかし、大企業に就職できたとしても、保証されるのは55歳くらいまでだという現実をお伝えしておきます。つまり、**人生100年時代ではまだ真ん中辺りで状況が大きく変わってしまう**ということです。

大企業であればまず、役職定年があります。役職定年の多くは55歳で、その後の身の振り方が重要になってきます。

役職定年を迎えても多くの人は同じ会社に残る道を選びます。それは、もはやこの年齢ではステップアップはおろか、ステップダウンしたとしても転職先を見つけることが困難になっているためです。

ところが役職定年後に同じ会社で勤めた場合、一部の例外を除いては、給料が下がります。7割前後に下がった程度で済めばまだ良い方で、悪くすると5割、あるいはそれよりも下がることもあります。

しかも、給料が下がるだけではありません。やはり一部の人たちは専門職として活躍できますが、多くはそれまで部下だった若い人たちと立場が入れ替わり、管理職から現場の一スタッフになることが多いのです。

そのとき、長年マネジメント業務に慣れてしまった人は、現場の作業に馴染めず能力が低い社員として見下されたり、サポートしてくれる部下がいなければ何もできない人材と見なされたりするかもしれません。あるいは、敢えて通勤が困難な子会社などに出向させられるケースもあります。

特に大企業で役職に就いていた人は、これといったリスクを負ったチャレンジをしてきていない、あるいはスキルの幅を広げる必要を感じてきていないので、いざ55歳になったときには、ステップアップの転職をすることが非常に困難な人材になってしまっているのです。

▼部下を上司と仰ぐ日

それでも大手企業の場合は、かつての部下を上司と仰ぎ、給料も大きく減らされながらも65歳あるいは70歳まで働き続けられるという可能性もあります。

自分の自尊心や減額された給料との折り合いさえ付けば、65歳あるいは70歳の定年まで安定した収入が得られる可能性は高くなります（確実とは言えません）。

しかし、その先の長い人生をどうするのか、という問題は残ります。大手企業であればまとまった退職金が出ますので、それを原資にビジネスを始めるという選択もあるでしょう。

ところが、それまで大手企業の看板に守られて、与えられた仕事や社内政治ばかりをしてきた人が、自力で新たなビジネスに乗り出すということは、そう簡単ではないかもしれません。60代になってから、大きな意識改革をせねばならなくなるわけです。

ただし、これは体力のある大企業の場合です。中小企業の場合は、より不安定で厳しい現実が待っていると考えた方が良いでしょう。

それでも役職定年や定年を迎えるまでに、その企業にとって重要な立場になることができれば状況は変わるかもしれません。定年を過ぎても、相談役や教育係として残って欲しいと言われる可能性はあります。

つまり、若い内に何をしていたかということが重要になってきます。

まだ若い皆さんには、役職定年を迎える55歳や、定年の60~65歳という年齢はかなり遠い将来のことで、想像するのが難しいですし、あまり考えたくないかもしれません。

しかし、実際にはこの頃の選択肢の数は、実は35歳前後でどのようなポジションにいたかということで決まってきます。

この傾向もまた、大手企業になるほど顕著です。

▼入社時点で決まってしまう将来

ここで次ページの図を見てください。これは、卒業した学校のレベルと出世の関係を示したものです。

学校レベル感と出世の関係

偏差値(入試)	銀行	証券	商社	建設	不動産	食品・飲料	日用品	電機	自動車	フード
70	○	○	○	○	○	○	○	○	○	○
65	○	○	○	○	○	○	○	○	○	○
60	△	○	△	△	△	○	△	△	○	○
55	△	△	△	△	△	△	△	×	×	○
50	×	×	×	×	△	×	△	×	×	○
50未満	×	×	×	×	×	×	×	×	×	×

※『役員四季報　2017年版』(東洋経済新報社)のデータをもとに著者が作成

この表は、『役員四季報　２０１７年版』（東洋経済新報社）に掲載されていたデータをもとに私が作成したものです。卒業した大学の偏差値と業界別の出世（役員）との関係を表しています。この表からわかることは、**どの業界も卒業した大学で出世できるかどうかがほぼ決まっている**ということです。

いかがですか？　残酷なようですが、これが現実です。つまり、どれだけ能力ややる気があっても、大手企業では入社した時点で出世できる人とできない人が決まっているのです。

ですから、有名大学は出ているが、別に出世しようとは思っていないし、あまり頑張りたくない、という人には、そこそこ良い給料で安定した会社員生活を送れる可能性が高い大手企業への就職をお勧めします。

一方、出世欲があり、能力もあるに違いないと思っていても、有名大学を卒業していない人は大手に入社しても希望はありません。このような人には、純粋にやる気と能力が評価される（しかもすぐに！）ベンチャー企業に就職することをお勧めします。

たとえば次に挙げるのは、私の知り合いが勤める、ある大手メーカーの例です。

この会社では、35歳どころか入社した時点で将来が決まってしまうとのことです。その会社では、文系の場合は入社したときに総務部に配属されなければもう将来は暗いといいます。

また別のあるメーカーでは、経理に配属されなければ出世コースから既に脱落しており、さらに学歴で将来のポジションが決まってしまうということです。

これでは夢も希望もありませんよね。

ですから、現在の就職市場は売り手市場だと高を括っていると、痛い目に遭います。しかも、痛い目に遭っていたことに気付くのは50代半ばを過ぎてからで、そのときはもう転職も困難、独立も困難で、会社から与えられた人生を歩むしか選択肢が無いかもしれません。

以上のようなことは、まだ若くて可能性があり、能力もある学生さんにとっては、非常に想像しにくいことでしょう。

――と、さんざん脅しているようですが、これは現実です。しかももう一つ考慮しておかねばならないことがあります。

それは前述したＡＩの進歩です。

▼ＡＩに奪われる側、ＡＩを利用する側

近年ＡＩの進歩はめざましく、今後も幾度ものブレークスルーを経て、指数関数的な進化を遂げるであろうことは想像に難くありません。

就活中の皆さんは、物心ついたときからインターネットを利用できる環境やスマートフォンのある環境で育っていますから、ＡＩの進歩と言われても、ユーザーとして

便利になっていくといった受け身の感想しか持たないかもしれません。

しかし皆さんにとってＡＩの進歩は、職場環境や仕事内容を激変させることも意味しており、能動的に関わっていかざるを得ない重要性を持っています。

特にＡＩの特性は、扱うデータがビッグデータであるほど精度を増すことにありますから、マーケットが大きい仕事や取り扱い情報が大きな仕事ほどＡＩが導入されやすいという傾向があります。

これはつまり、大企業の職場ほど、ＡＩ化が速やかに進むことを意味しています。その結果、様々な業務が機械化されて、人員の削減が進んだり、業務内容がより高度になったりしていきます。このことは、既に投資会社や法律事務所の例で示した通りです。

つまり、皆さんが**今後も続けていけるだろうと思っていた仕事が、ある日無くなってしまう可能性が高い**わけです。それまで10人で行っていた仕事が2人でこなせるようになり8人は不要になったり、それまで8時間かかっていた業務が30分で終了したりするようになるのです。

このような状況は、何十年も先の未来のことではなく、数年後の現実なのだと覚悟しておくべきです。

さすがに大手企業の場合は、その仕事が機械化されたからといってそれまで従事していた社員をいきなり解雇する可能性は低いでしょうが、意にそわない部門への転属や、辞めざるを得ない転勤などもありえるかもしれません。

このときに強いのは、**ＡＩを使う側のスキルを持った人です。すなわち、新しい業務形態を考案したり、新規事業を企画できる能力**です。

このような能力を持った人材であれば、ＡＩ化はむしろ歓迎すべきことで、それまでの業務から解放されて、より高度な仕事や新しいビジネスを行うための機会を与えてくれるツールとして迎え入れることができます。

特にＡＩは特定の専門業務を自動化することを得意としていますから、人間には複数の専門業務をコーディネートできるスキルや企画力など、すなわち事業運営の能力が求められることになります。

たとえば、企画から納品まで運営できる能力です。そのためには、自分が担当している業務だけでなく、その前後も含めた事業全体を俯瞰《ふかん》できていなければなりません。

▼ルーチンワークで油断していると……

ＡＩの進化は、ルーチンワークしかできないような人材の職を奪うことになります。その一方で、企画力や事業運営力のある人材は、むしろこれまで以上に求められるようになります。つまり、変化に強い人材です。

そんな時代が数年後に待ち構えていることを認識してください。そしてＡＩの導入は、ビッグデータを扱い資本力のある大企業ほど速くなります。

もちろん、中小企業で働く人たちも安心してはいられません。大企業が導入したＡＩの成果は、必ずクラウドサービスといった形態で低価格化され、中小企業でもまもなく導入が容易になるからです。

このようにあらゆる現場にＡＩが導入されれば、転属、転勤、出向、減俸、悪くすると解雇といった影響を受けることになります。

たとえば最近、大手銀行各行が大規模な人員削減策を打ち出しています。みずほフィナンシャルグループでは１万９０００人の人員が削減される予定です。その最大の理由はフィンテックの進展だと言われています。

就職して何も考えずに**日々のルーチンワークだけをこなして油断していると、業務が機械化された途端に不要な人材と見なされてしまいます。**

そうならないためにも、常に新しいチャレンジや工夫をしたり、より高い視点で業務を俯瞰する習慣を身に付けたりしておく必要があります。

ましてや、既に述べた通り、東京オリンピック・パラリンピック後の景気失速に耐えるには、より付加価値の高い人材になっておく必要があります。そのような人材になっていれば、まだ若い内に転職や独立といったステップアップも視野に入れることができるからです。

あるいは、最初からスキルが磨かれるベンチャー企業を選ぶという選択肢もあります。

第2章

大企業に就職しても3年で辞めていく若者たち

▼大手企業の知られざる現実

ここからは、会社説明会や就職情報誌では紹介されない現実を紹介していきましょう。

私の知り合いに、大手商社の社員がいましたが、役職定年を迎えた際の役職が「部長」か「課長」かで、その後の人生が大きく変わってしまうことを目《ま》の当たりにしています。

その商社の場合、役職定年時に部長であればどこかの子会社の執行役員として出向になるそうです。しかし課長だと、出向先の課長以下の役職に飛ばされるそうです。当然、収入も大きく減ります。

部長だったか課長だったかでこれほどの差が出るのです。ですから彼らは、入社したときから激しい出世競争に乗り出さねばなりません。勝ち組か負け組かがはっきり分かれてしまうためです。

そのため、彼らは常に上司の方を見て仕事をすることになります。たとえば同期の人間が上司と飲みに行くという情報を聞きつけたら、すぐさま飲みに行く店に先回りして、偶然を装って同席するといった露骨な行動を取ることもあるそうです。

ところが上司は上司で、優秀な部下が自分より出世してはたまらないと、敢えてチャンスを与えないようにしているというのです。

ですから大手企業では、どのような上司の部下になるかで、将来が決まってしまいます。たとえば頑張って手柄を立てたとしても、それは上司の手柄として横取りされることもありますし、優秀な部下はライバルと見なして潰しておこうと考える上司もいます。これは誇張ではなく、よくある話です。

そのような現実を悟った人は、仕事のやり甲斐や面白みといったことなどよりも、ただひたすら上司に気に入られる努力に邁進することになります

いかがですか？　このような仕事人生は楽しいでしょうか。ワクワクするでしょうか。皆さん、自分の将来のこととして想像してみてください。

ところがこのような現実は、就活中の学生さんたちには知られることがありません。その結果、皆さん、大手企業にさえ就職できれば、あとは順風満帆に昇給していき、

それなりに出世もして円満に定年を迎えられると考えているのです。

まさか出世競争から脱落したら30代から先は悲惨な日々が待っているとは想像できていません。それが、十年一日のごとく変わっていない、就職先人気ランキングに表れています。

▼親の大手信仰は当てにならない!?

また、若い人たちが大手幻想を抱いている背景には、その親自身が持っている大手信仰や、親の代ではなんとか今のところ平穏な会社員人生を歩んできているという実感があります。

その上、大手企業の一般職でも、あるいは中小企業の社員であっても、なんとか子どもも育ててこられたのだという実績があります。ですから皆さんの親世代は、このまま65歳あるいは70歳までなんとかやっていけるという想定をしているはずです。

しかし、**就活中の学生さんたちが社会人となる現在は大きな変革期ですから、親**

が持っている常識や想像は当てにならない時代になっているということを肝に銘じておくべきです。65歳どころか、30代、40代でリストラによる減俸や解雇といった事態に直面する可能性も十分にあるからです。

最近では就職先について親に相談する学生さんも多くなっていると聞きます。親にきちんと育てられた若者ほど、「親孝行のために」「親に喜んで欲しくて」できるだけ大手企業に就職しなければ、と考えているのかもしれません。

▼大企業で働くメリットは今でも魅力的か

一般的に規模が大きい企業ほど、給料が良く将来も安定した収入が得られるということは確かにあります。

しかし本章では、大企業で働くことのメリットがデメリットにもなり得るということを確認していきましょう。

○仕事が細分化されているから、企業としても生産性が上がるし、社員としても仕事の範囲が狭くなるから仕事がすぐに覚えられて楽ができるが……

大企業とまでいかなくとも、従業員が100名や200名を超えてくると、従業員一人ひとりに割り当てられる業務は細分化してきます。

これは、一人の人間が様々な業務をこなすよりも、限られた範囲の業務を繰り返した方が慣れて効率が上がり、会社全体としての生産性が高まると考えられるためです。

そのため、大企業で働く場合は、限られた範囲の業務さえ覚えられれば良く、すぐに仕事に慣れることができるというメリットがあります。

たとえば私の知人に、国立大学を卒業して大手メーカーに入社した人がいました。

彼は入社後、すぐにパソコンなどの備品の減価償却計算をする業務に就きました。

そして2年間、ただひたすら減価償却計算をしたそうです。

もちろん、減価償却は企業の経営にとって重要な業務ですから、将来、設備等を購入する決裁権を与えられたときには、すぐに減価償却の面から判断できるようになるでしょう。

もう一つ例を挙げてみましょう。

広告業界では、大手の広告会社は企画プランニング部門とメディアの交渉部門に分かれていることがあります。

この場合、担当業務の範囲が狭くなりますから効率は上がります。企画担当者は企画のことに専念できますし、メディア交渉担当者は広告主とメディアのマッチングを、料金体系や企業審査により次々と捌《さば》いていくことができます。

その結果、企画担当者が熱心に企画した広告でも、メディア交渉担当者が料金体系が合わなかったり企業審査で落ちたりしたということであっさりとNGにしてしまうといったことがあります。

ところが広告会社の規模が小さいと、企画からメディア交渉まで一人の担当者が行いますので、広告主である企業の思い入れや、自分の企画に対する熱意を持った状態でメディア交渉に当たります。そのため、料金が合わなかったり企業審査で不適合だったりしたとしても、どうしてもこのメディアに出稿したいといった粘りを見せて交渉を成立させることがあります。

このように、生産性を高めるために効率化を行うことと、仕事の面白み、醍醐味といったものはトレードオフの関係にあると言えます。

○ジョブローテーションにより、仕事が2~3年ごとに変わっていくから、いろいろな仕事を経験できるが……

大企業ではジョブローテーションがあり、2~3年で仕事が変わっていきますからいろいろな現場や仕事を体験できます。そのため飽きにくいというメリットがあります。

これが中小企業ですと、仕事が細分化されているにもかかわらず人員の頭数にゆとりが無いためジョブローテーションが難しくなります。その結果、いつまでも狭い範囲で同じ業務を担当しているという面白みの無い状況になります。

一方、ベンチャー企業においても人員の頭数が少ないので、似た状況になるように思われますが、ベンチャー企業の場合は仕事が細分化されず一人当たりの業務範囲が広いので、一般的な中小企業とは事情が異なってきます。

このように大企業では様々な仕事を経験させるためにジョブローテーションがありますので、一見、仕事のスキルが高まるように感じられます。

しかし、ジョブローテーションで経験することは、様々な業務における部分最適化ですので、決して全体を俯瞰できる事業運営スキルが高まるわけではありません。この辺りの違いについては後ほど改めて説明します。

また、大企業の安定性だけに魅力を感じて入社したような人の場合は、せっかく慣れたルーチンワークで居心地が良くなっても、有無を言わさぬ強制的なジョブローテーションが行われるために、かえってストレスを感じることも想定しておきましょう。

○企業ブランドがしっかりしているから、親・親戚・友人から認められるが……

大企業に就職するメリットとして、企業ブランドに対する社会的な信用があります。

これは、大企業に入社したことで、親や親戚、友人、知人たちから「たいしたもんだ」と一目置かれるようになるだけでなく、企業に対する信用が、入社した本人にも備わるようになるということです。

たとえば、賃貸住宅を借りる際も、勤め先が有名な大企業だとわかればその収入の安定性だけでなく、人としても品行方正であろうと簡単に信じてもらえます。

あるいは住宅ローンを組む際も、有名な大企業で働いていると言えば審査に通りやすくなると言われています。

そのため、就活中の学生さんたちも、常日頃から親に有名な大企業に入るように言われ続けますので、本人もそのような企業を目指すことが当然になってきます。

ところが親が知っていて安心できるような有名大企業となると、日本に存在する企業のほんの一部でしかありません。テレビコマーシャルを流しているような超有名企業になります。

つまり、親が勧める、あるいは安心できる企業に入社できるのは、ほんの一握りの学生さんたちです。したがって、親を安心させるためには、非常に激しい競争を勝ち抜かなければなりません。

しかも、その目指すべき有名大企業に入社して、自分がやりたかった仕事ややり甲斐を感じられる仕事、あるいは自分の才能を活かせる仕事に就けるということであれば良いのですが、ほとんどの人はブランド目的で入社してしまいますから、後で「こんなはずじゃなかった」ということになる可能性があります。

実際、私も異業種交流会などに参加すると、35歳くらいまでは大企業に入社した人たちの羽振りの良さや自信に満ちた様子を目にしますが、その年齢を超えると、徐々

大企業とベンチャー企業の収入と出世

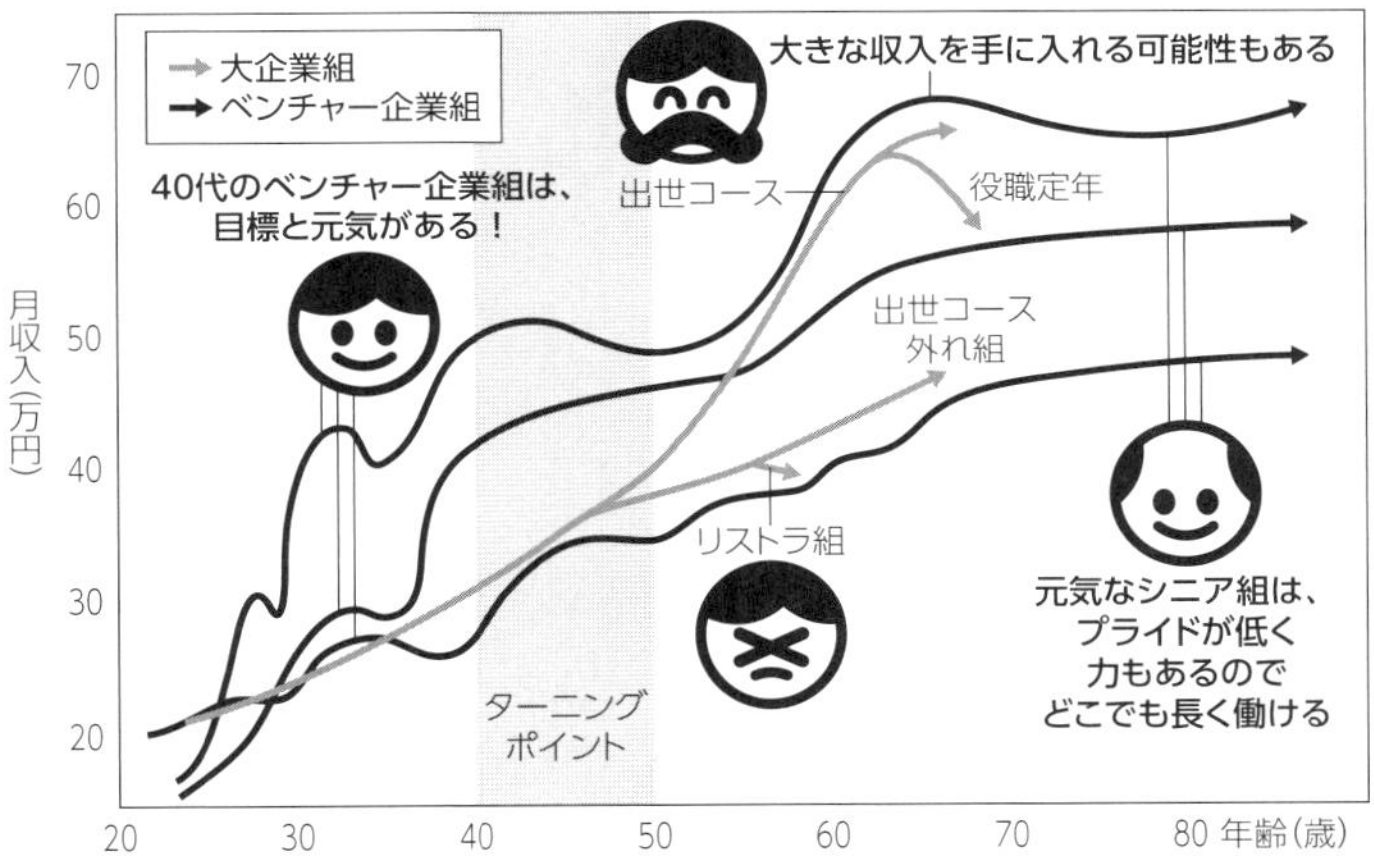

※収入パターンは一例です。企業や職種によって大きく変わってきます。

に様子が変わってきます。

特に45歳頃になると、かつて元気だった大企業組がすっかり元気を無くしているのです。

これは、彼らの多くが出世コースから外れて将来が見えてきたり、リストラで肩をたたかれたりする側になってしまうためです。つまり、早くも人生の下り坂にさしかかったという意識を持ち始めるためですね。

一方、ベンチャー企業でがむしゃらに働いていた人たちや独立して自ら起業して社長になったような人たちは、ますます元気いっぱいでイキイキしてきます。

つまり、40歳前後から、人生が大きく変わってくるのです。

しかも、大企業入社組がこの年齢になってからそのことに気付いても、大企業というブランドに守られて過ごしてきた人たちの多くが新しいことへのチャレンジ精神を削がれてしまっていますし、大企業で身に付けたスキルの多くがその企業特有のスキルであるため、他の企業では通用しません。そのため、今更転職することもままならないわけです。

一方、同じ大企業入社組でも、20代や30代前半であれば、転職は容易です。あれほどの大企業に入社できた人材であれば、まだ若い内は他の企業でも成長できるであろうと判断されるためです。

一方、ベンチャー企業に入社したり、自分で起業した人たちは、まだ大企業組の収入を超えていなくても、あるいは不安定であるというリスクを負っていても元気なのは、自分で考え、能動的に動き、リスクをたくさん取ってきて、幾つものチャレンジをしてきたという自信があるためです。

たとえ明日、会社が倒産しても、あるいは解雇されても、これまでも数々のピンチを乗り越えてきたのだから、これからもまだまだチャレンジできるぞという気概を持っているためでしょう。

○無難に一生勤め上げられれば、生涯年収がそこそこ良い

大企業で出世すれば、その年収は格段に多くなりますが、たとえ出世できなくても、無難に一生勤め上げることができれば、その年収は中小企業よりはそこそこ良さそうです。

独立行政法人労働政策研究・研修機構が公開している『ユースフル労働統計―労働統計加工指標集―2016』(http://www.jil.go.jp/kokunai/statistics/kako/2016/index2016.html)の『生涯賃金など生涯に関する指標』(http://www.jil.go.jp/kokunai/statistics/kako/2016/documents/useful2016_21_p286-330.pdf)によれば、企業規模別の大卒者(男性)の生涯賃金は、1000人以上規模で3億1千万円、10~99人規模で2億円となっていますから、その差は約1億円以上となります。

この差を大きいと感じるかどうかはあなた次第です。

○大企業にはブランド力があるから、対外交渉が楽だが……

大企業のメリットには、仕事の〝しやすさ〟ということもあります。

ここで言う仕事とは、外部と接する必要がある仕事です。たとえば営業や外注業務がこれに当たります。

外注業務の場合では、大企業の名前を使えば発注者側の支払条件や発注方法で仕事を依頼することが簡単です。ある程度の無理な条件（納期や仕様など）でも依頼することができます。

そして大企業の社員であることが最も強みになるのが営業です。それも既存の顧客を対象としたルートセールスよりは、新規開拓営業のときに、より大企業の強みが発揮されます。

飛び込みでもアポ取りでも、あるいは紹介でも、大企業の営業マンであれば、初対面のときから社名ですぐに信用を得ることができます。ですから、営業スキルが無くても、とりあえずは担当者に会うことができ、話を聞いてもらうことができます。そういう意味で、大企業の営業は非常に楽だと言えます。

大企業のブランド依存とベンチャー企業の能力依存

しかし、名が知られていない中小企業やベンチャー企業の場合は、まずは自分が何者で、どのような会社の社員で、相手にとってどのようなメリットを提供できるのかを上手く説明しなければ、信頼を得ることができませんし、門前払いも多いでしょう。

このように、大企業ではそのブランド力を利用できるため、仕事がずいぶんと楽になります。しかし、人によっては会社のブランドに依存しすぎな状態で仕事をしている人もよく見かけます。これらの人はせっかく大企業のブランドを背負っているにもかかわらず、いつのまにか企業にとっては不要な人材になっていると言えますし、他社で働かなければならなくなったようなときには、使えない人材になっています。

一方、無名の企業で働いてきた人は、会社のブランドに頼れないため、自分の頭を使って仕事をする習慣が身に付いています。その結果、どこでも通用する汎用性の高いスキルが得られるのです。

○業務内容は上司の指示、担当部署は辞令で決まる

大企業を目指すすべての人が、やりたいことよりも安定性の方を求めているのであれば問題ありませんが、やりたいことがある人は、大企業に入社しても思うような仕事に関われない可能性があります。

というのも、大企業では社員の誰がどの部門でどの業務を担当するかということは、辞令や上司の指示で決まるからです。

つまり、仕事内容は会社が決めることであって、社員一人ひとりの希望には無関係です。

たとえば、企画の仕事がしたいと思っても、外回りの営業に配属されたり、広告で

クリエイティブな仕事をしたいと思っても、仕入れ管理を担当させられたりするといったことが普通に行われます。

もし、**本当にやりたいことがあるのであれば、会社の規模は関係無いはずです。**

たとえばどうしてもウェブデザインの仕事をしたいのであれば、大企業のデザイン部門を目指すよりも、ウェブデザインで勝負しているベンチャー企業や中小プロダクションに入社した方が、希望する業務を担当できるチャンスは圧倒的に大きいでしょう。その代わり、中小企業やベンチャー企業では業務が大企業のように細分化されていないので、任される範囲も広くなりがちです。しかし、その分やり甲斐もあり、スキルも磨かれます。

たとえばウェブデザインの仕事をする場合、大企業であれば、デザインコンセプトだけ決めたら後は他の部門か外部協力先に実際のコーディングやサーバーへのアップなどを任せるかもしれませんが、ベンチャー企業や中小企業ではコーディングやサーバー管理まで任されますので、スキルが磨かれるのです。

また、幸運にも大企業で希望する部署に配属されたとしても、仕事が面白くなってきた頃に、突然異動や転勤を命じられることもあります。そのとき、社員がそれを拒むことは基本的に無理です。

私の知り合いに、希望通りの制作部門で能力を発揮していた人がいましたが、突然営業部に転属になりました。その人の仕事ぶりが悪かったわけでも、能力が無かったわけでもありません。単に、営業部門を拡大するという会社の方針が出た途端、頭数が足りない部署に回されただけです。

このようなことは、大企業では当たり前に起きます。

○上司の無能さや周りの無気力さに激しく失望する

会社説明会やOB訪問などで、とても聡明そうで活力に満ちた人事担当者や先輩社員たちを見て、やはり大企業は違うなと思って入社したら、「嘘でしょ?」と実際の職場とのギャップに驚くことがあります。

入社して職場に慣れてくると、上司の無能さや周りの社員のやる気の無さに気付き始めるためです。

あの、会社説明会でプレゼンしていた人事担当者やOB訪問で対応してくれた輝いていた社員たちはなんだったのだろうか、と思うかもしれません。

それは当然のことです。大企業では就活中の学生たちに好印象を与えられる人事担当者やOBを厳選して用意するからです。

そのため、期待に胸を膨らませて入社し、配属された職場の上司や先輩社員たちを見てがっかりするということはよくあることです。すぐにはわからなくても、しばらくして仕事に慣れてくると、たいした能力も無く、人間的な魅力にも欠け、単なるイエスマンである上司や先輩社員たちに幻滅することがあります。自分もあの年齢になったらこの上司のようになるのだろうかと。

しかし、がっかりするのはまだ早いのです。本当に上司に失望やいらだちを感じるのは、自分の出世がたまたま配属された先の上司で決まってしまうことに気付いたときです。

無能で部下の手柄を横取りし、特に優秀な部下をライバル視して押さえつけたり潰そうとしたりする上司のもとに配属されたら運の尽きです。

大企業での出世は、仕事における自分の能力だけでは決まりません。良い部署、良い上司に恵まれる必要があります。

また、**優秀な人ほど、大企業の縦割り組織にいらだつことになるでしょう。**多くの

大企業とベンチャー企業の業務範囲の認識の違い

大企業
なるべく、人の仕事はしたくないわ。私に仕事を振ってこないで……。
ベンチャー企業
何か困っていることがあれば、言ってくれよ。一緒に考えよう。

社員や上司までもが、自分の業務範囲を決めつけていて、その範囲からわずかでもはみ出すことを嫌いますので、融通が利きません。

自分の仕事が増えることや面倒に巻き込まれることを嫌うために、自分が決めた業務範囲以外のことに関与したがらないのです。

しかし、実際のビジネスでは、業務範囲を明確にできない場合もありますし、ある程度の業務範囲を超えた連携を行わなければならない場合もあります。

ところが大企業では、多くの社員が、そのようなことに巻き込まれても給料が上がったり賞与が増えたりするわけではないという理由で、関わりたがりません。

一方、中小企業やベンチャー企業の場合は、普段からお互いの仕事の関連性が見えていますし、上司も部下一人ひとりの貢献度を把握しやすい状態にありますから、協力し合うことで会社が発展して自分たちの評価も高まることを期待できます。その結果、お互いに業務範囲を超えた連携が取りやすいと言えます。

一方、大企業では優秀な人ほど、周りの人の無能さや無責任さ、無気力さにいらだちを感じることになります。

そしてこの上司や先輩たちのもとでは評価されないし出世もできないと見切りを付けて辞めてしまう人が多いのです。

○いまだに健在の年功序列の壁

大企業では毎年同年代の社員を多く採用しますので、各年代の同期にはライバルが多いということになります。しかし、役職付きのポジションは限られていますから、出世競争は自ずと激しいものになります。

しかもそれらの限られたポジションには、既に年長者が就いていますので、彼らがより上のポジションに昇格するか、何かミスをして降格するのを待たねばなりません。あるいは何らかの理由で解雇されたり転職したりすることでも無い限り、そのポジションは空きません。

仮に空いたとしても、既に順番を待っている年長者がいますので、出世にはかなりの時間を要することになります。

しかも、人事評価も決して公正に能力を評価するものではありません。上司に気に入られるかどうか、上司の地位を脅かさないかどうか、といった基準で評価されることも多くあります。

そのため、余計なことをしてミスをしないようにしなければなりませんし、上から目を付けられないように無難な仕事ぶりでいることも重要になってきます。仮に会社に大きく貢献できる手柄を立てたとしても、それは組織の手柄か上司の手柄として評価されるだけです。

また、そもそも大企業の場合は、一人ひとりをそれほどきちんと評価できていないということもあります。中小企業やベンチャー企業では、社員数が少ないので上司が部下の適性や能力をしっかり把握していることが多いですし、把握していなければ仕事が回らないという現実もあります。

ですから大企業で出世するためには、何十年もポストが空くのを辛抱強く待ち、運良く自分に順番が回ってくることを祈るしかありません。

そのため、管理職になるのは40代過ぎということはよくありますし、場合によっては定年間際にようやく管理職のポストが見えてくるといったこともあります。

○辞令による突然の異動のリスク

大企業においては、異動や転勤は社員の意思に関係無く突然の辞令によって命じられます。

ようやくその部署での仕事を覚えた、あるいは仕事が面白くなってきたというときでも、容赦なく異動させられることがあります。

また、やっと念願のマイホームを購入してより快適な環境で家族と暮らせると思った矢先に転勤を命じられ、一人きりのアパート暮らしが始まることもありえます。家族のために大企業で頑張ってきたのに、なんという仕打ちだろうとぼやいてみても、拒むことはできません。

私の知り合いもある日突然、「2週間後にここに行ってくれ」と言われ、辞めるかどうか悩んだようです。

しかし、じっくり考える時間は無く、すぐに準備しなければなりません。

そのとき、その知人は、「もしかして自分は会社への忠誠心を試されているのだろうか?」などとも思ったそうです。

結局その知人は辞令に従い、転勤先で頑張っています。「仕方ないよ」と。家族が離ればなれになったので、いろいろと不自由なことや重複する出費などもあり、不満が多いようですが、辞めても同じ待遇で雇ってくれるところがあるかどうかわかりませんし、同じ大企業に転職すれば、やはり転勤の可能性も同じようについて回るわけですから。

それに、自分が大企業に入社した時点で転勤の可能性を覚悟していたはずなのです。

ただ、忘れた頃にやってきたわけです。

たとえば、まだ独身で身軽な頃に「自分の語学力が評価されて海外への転勤もいいなぁ」などと思っていた内はひたすらその能力を活かせない営業に配属され、転勤のことは忘れて結婚し、子どもができた頃に転勤の辞令が出るということもあります。

確かに、「忠誠心を試されているのではないか？」と疑いたくなるようなこともあります。

リーマンショック後に、私の知り合いが勤める某大企業では、大勢の社員に地方転勤の辞令が出ましたが、その知人は、これは明らかに自発的な退職を促す人切り策だと言っていました。

大企業ほど地方の支店や工場、あるいは海外の拠点を多く持っていますから、転勤の辞令が出る可能性は高くなります。

しかも、配偶者や親の介護など、特別な理由が無ければそれを拒むことはできません。

○意にそわない職場・子会社への転籍

前述の異動や転勤は、それが本人の希望やスキルに配慮された結果であれば、本人も納得の上で異動したり転勤したりすることができます。しかし、そのような例はあまり聞きません。ほとんどが意にそわない異動や転勤です。

前述しましたが、リストラの一環として行われる転勤辞令もありますし、ある部門の頭数をそろえるため、あるいは減らすために異動や転勤が行われることもあります。また、若い人たちにはぴんとこないかもしれませんが、長年勤めてきた結果としてようやく役職に就いた人が、今度はそのポジションを空けるために役職定年による退職を促されたり、子会社に転勤させられたりもします。

このことを学生さんたちに伝えると皆さん引いてしまいますが、それは無理もありません。なにしろ、就職関連の情報誌にはこのような情報は一切書かれていませんし、会社説明会で話されることもありませんから。

会社説明会では学生受けするために選び抜かれた社員たちのキラキラした印象や、「君の可能性を活かしてみないか！」といった胸躍るようなキャッチコピーしか出されません。

ところが「君の可能性」と言っても、大企業では学閥や社内派閥といった力学が働きますから、出身大学で既に可能性が限られていることもあります。

また、仕事に対する能力よりも、有力な幹部に取り入る政治力の方が重要であったりするのです。

○まだまだ続くくだらない会議のオンパレード

中小企業では、ある程度の情報共有や意思決定は、日常的なコミュニケーションの中で処理されてしまうことがあります。社員同士がお互いに近い関係にあるためです。また、トップや管理職と社員たちも日頃から接する機会が多いため、必要なときに必要なメンバーをちょっと集めて、さっと情報伝達や意思決定を行ってしまうこともあります。

このことが、中小企業やベンチャー企業は小回りが利き、反射神経が良いと言われる理由です。

ところが大企業になると、何事も会議を開かなければ始まらないという習慣がまだまだ根強くあります。

特に幹部が、何を伝えるにもまずは顔を合わせなければだめだといった古い固定観念から脱していないことなどから、メールやグループウェアを使えば済むような情報共有のためでもいちいち会議を開きたがります。

また、権限がある幹部しか意思決定を行えないにもかかわらず、とりあえずは皆を集めて会議を開き、皆の意見も聞く場を設けたという体裁を整えるために会議を開くこともあります。

最悪なのは、上司や幹部がまずは自分でじっくりと考えをまとめてから会議を開けば良いのに、とりあえず大勢を集めて、その場で自分の考えをまとめ始めるといった会議です。こうした会議の多くは、実質的には現場の一般社員や特に新人には発言権や意思決定権など無い場合が多く、ただ幹部の独り言につきあわされることになります。

特に新人は、コピーなどの資料作りや議事録の作成のために参加しなければなりませんし、上司からも勉強になるからとりあえず出席するようにと言われます。

そして大企業になるととにかく会議の数が多く、仕事の効率を下げるという意味では年間を通して馬鹿にできないほどの時間を拘束されます。

しかし、新人から「この会議、意味がありますか？」などと言えるはずもありません。

ひどいときはたいして必要性も感じられない会議のために、支社から本社に呼び出されたり、逆に支社に集められたりする場合もあります。このときは、何人もの社員の拘束時間に移動時間も加わりますから、企業にとっても損失だと思われます。

もっとも最近では、ようやくテレビ会議などを利用する企業も増えてきましたので移動時間や交通費は節約できるようになりましたが、同じ時間に会議室に集められるということでは変わりません。

○有名企業が必ずしも盤石、一生安泰とは言い切れない

近年、有名な大企業が外資に買収されたり、事業部を売却したりといったニュースを目にして少なからず驚かれている方も多いでしょう。

就活中の学生さんたちに限らず、その親の代でも、有名企業や大企業は潰れないから安心だと思い込んでいる方はたくさんいます。

確かに、大企業は潰れる可能性は低いですが、企業として生き残るために、様々な手を打ちます。採算性が悪い事業部の売却や解散であったり、稼働率が低い工場の閉鎖だったり、あるいは本社もリストラで人員を削減してスリム化するなどです。

つまり、大企業なら潰れないと信じて入社した人たちの多くが、まさに会社を潰さないために切り捨てられる側に回る可能性があるということです。**会社が潰れない**

ことが、あなたがずっとそこで働けるということを意味しているわけではありません。

たとえば東洋経済ＯＮＬＩＮＥが２０１6年4月11日に発表した『5年前より正社員を減らした５００社ランキング』（http://toyokeizai.net/articles/-/113037）を見ると、大企業が生き残るためにどれほど人員を削減したかがわかります。上位20社を見てみましょう。

社名の下の数字が、「5年前比正社員減少数」です。

1位　パナソニック　13万502人
2位　NEC　4万3476人
3位　ソニー　3万6200人
4位　日立製作所　2万3076人
5位　富士通　1万3592人
6位　第一三共　1万3397人
7位　マブチモーター　1万2897人
8位　パイオニア　9642人

9位　ユニデンホールディングス　9171人
10位　東京電力　9122人
11位　セイコーエプソン　8058人
12位　アーク　5304人
13位　東芝　5148人
14位　セイコーホールディングス　5074人
15位　シャープ　4903人
16位　太平洋セメント　3850人
17位　オリンパス　3836人
18位　東京特殊電線　3223人
19位　アコーディア・ゴルフ　3199人
20位　帝人　2998人

いかがでしょうか？　いずれも名のある大企業ですが、生き残るために大規模な人員削減を行ってきていることがわかります。確かに企業自体は存続していますが、実際に削減された人数を見ると、これが中小企業ならいったい何社分の倒産に匹敵するのだろうか、と考え込んでしまいました。

13位の東芝は、この原稿を書いている時点では微妙な状況にありますが、次回に発表されるランキングではもっと上位に移動しているかもしれません。

また、同ランキングでは、５００社まで発表されていますので、興味がある方はチェックしてみてください。おそらく皆さんが就職を検討している大手企業が減らした正社員の人数も記載されているでしょう。

しかも、リストラの内容は非常に陰湿な場合があり、ネット上では様々な実例が紹介されています。ここではかいつまんで紹介します。

ある東証一部上場企業のリストラで解雇された51歳の男性は、過酷な労働が原因で入院したことなどが災いして出世競争から脱落し、自分の後輩たちの部下となります。さらに担当営業エリアを削られ、その結果営業成績が下がったため成績不振者対象という社内研修で拘束され、さらに成績を下げられ精神的に追い詰められて退職に追い込まれています。

また、ある40代男性は、数年連続黒字で売り上げが伸びている会社の人事部から突然の戦力外通知を受けて退職を勧められます。それを拒んだため、人材会社に通って別の職を探すことが仕事だと命じられます。これは、売り上げが伸びて退職金や人材会社への報酬が払える資金的な余裕がある内に人員削減を行おうとする大企業のやり方の一つのようです（厳密には違法のようですが）。

○何年働いても会社の全体像が把握できない

大企業では、たとえ同じビルの中でも、部署や事業部が異なれば部屋や階が異なるため、他部門の人たちがどのような仕事をしているのか全くわかりません。しかも、覚えられないほど多くの部署があり、実に多くの社員が働いています。そのほとんどは挨拶すらすることがない知らない人たちですから、お互いに別の会社で働いているような感覚になります。

そのため、会社と言えば自分が所属する部署のことですし、仕事と言えば、担当業務以外のことはさっぱりわからないという状態が当たり前になります。

その結果、仕事の全体像を把握できるような機会がありませんし、必要も感じなくなります。

この状態では、業務を改善したりスキルを高めたりしても、それはあくまで細分化された業務の最適化を行っているに過ぎません。

大企業でも仕事を広く見ることができ、またそれを必要とされるのは、最低でも部長クラス、通常であれば役員クラスになります。しかし、そのような立場になれる人は、ほんの一握りです。

もっとも、自分は特に出世したいとは考えていないし、起業するような野心も無いから、仕事の全体像を把握できていなくても構わない、と考える人も多いでしょう。実際、そのように考えていた方が、大企業で働き続けることが楽になります。

ですから、そのような考えも、それはそれで良いと思います。大企業の社員全員が出世できるわけではありませんし、独立を目指しているわけでもありません。むしろそのように考える人が圧倒的多数であることによって、大企業のヒエラルキーは保たれているとも言えます。

しかし、もっとやり甲斐のある仕事をしたい、新しいことに挑戦したい、あるいは

30代以降になって会社を放り出されても、他社から求められる人材でありたい、と考えているのであれば、仕事や会社の全体像を把握できる環境に身を置かねばなりません。

○5年もいれば、脳が硬直し、思考は停止する！

入社した人たちも仕事を覚え始めた頃は、なぜこの工程が必要なのだろう、なぜこの手順なのだろう、なぜもっと効率の良い方法を採用しないのだろう、といった疑問を持っていたのかもしれません。

しかし、先輩社員たちや上司の仕事への姿勢に接する内に、これまでこのやり方できたのだから余計なことを考える必要は無いし、考えない方が軋轢《あつれき》も生じないし、何より楽だと考えるようになってきます。

そして5年もすると、自分もすっかり頭を使わずにルーチンワークをこなしているだけの社員になってしまいます。

さて、社会が変化せず、技術革新も行われなければそのまま何事も無く平和に時は過ぎていってくれるかもしれません。しかし今の時代はそうはいきません。世の中のニーズや景気などの社会環境の変化に対応するために、社内の体制を変えなければならなくなるかもしれませんし、ＡＩに代表されるテクノロジーの進歩により業務の効率化や組織の改編が行われるかもしれません。

そのとき、変化に対応できる思考力が無ければリストラの対象になるでしょう。そのような人は、転属先や転職先でも必要とされない人材になっている可能性が高いのです。

これが入社して3～5年後であれば、まだ年齢的に転職が容易ですし、大企業に入社できた学生であるという実績が優秀さの表れとして評価される可能性があります。

しかし、30代以降になると、評価がガラリと変わります。有名な大企業で働いていました、と言っても、担当していた業務以外何ができるの？　と能力を疑われるようになるのです。

大企業で長く働いてきた人ほど、細分化されて限られた範囲の業務しかできないだろう、決められたルーチンワークしかできないだろう、と判断されるのです。つまり特定の企業のさらに特定の業務のスキルしか持たないため、潰しの利かない人材になっていると評価されるわけです。

また、この頃まで大企業で働いてきた人は、プライドだけは高くなっていますから、今更ベンチャー企業や中小企業に行けないと思ってしまいますし、新しい環境で一から学ぶぞ、という気概もありません。

ですから、**大学を卒業して社会人になった最初の5年ほどは、非常に重要な期間**になります。この期間にどのような仕事をしてきたのかで、社会人としての評価が決まってきますし、自分自身の柔軟性や適応力、チャレンジ精神の有無、そして生き方そのものが決まってくるのです。

○能力で評価されないストレス

大企業では、同期の社員のみならず、先輩社員も含めて出世競争の相手がたくさんいます。しかも出世に必要なのは能力ではなく、出身大学がどこかということや、上司に気に入られるかどうかということが重要になってきます。

出身大学によって出世コースに乗れるかどうかが決まっている会社に入ってしまった場合は、その大学を卒業していない人は、よほどの政治力と幸運に恵まれなければ出世は難しいと言えます。

また、配属された先の上司が出世してポストを空けてくれたり、優秀な部下を正当に評価して引き上げてくれたりするタイプではなかった場合、これもまた出世は非常に困難な状況にあると言えます。

また、大企業では減点主義で評価されますから、とにかく失敗しないことが重要になります。失敗しない一番良い方法は、新しいことをしないということです。改善案や効率化を提案したり、新しいビジネス案を提案したりしないということですね。

このようにして誰もが事なかれ主義になり、無難に日々を過ごすことを目指すようになります。

その結果、**気が付くと社会の変化やテクノロジーの進歩に対応できない人材となってしまい、会社がビジネス戦略を変更したり、リストラを始めたりしたときに、会社にとって不要な人材になっている可能性があります。**そしてそのような人材は当然他の会社でも必要とされませんから、転職活動も厳しくなっていくという負のスパイラルに陥っていくのです。

第3章

ベンチャー企業にこそチャンスが転がっている

▼ナイル川のほとりで「このままじゃだめだ」と思った

ここからは、私がベンチャー企業を起こすに至った経緯を絡めながら、ベンチャー企業が持っているチャンスについて話しましょう。

私は大学生時代、海外に行きたいと考えていました。それは、英語を巧みに操って商社か国連で仕事ができたらカッコいいじゃないか、と漠然と考えていたためです。ですから日本の大学を卒業するとすぐに、アメリカの南イリノイ大学に留学しました。

同大学では、いずれ国連で活躍するときのことを考えて、国際政治学とコミュニケーション学を専攻しました。

そして2年と8ヵ月を過ごしましたが、国連で働くためには最低修士号が無ければだめで、さらに2年間も勉強を続けなければならないとわかり、これ以上の時間をかけるのは無駄だと判断しました。

その後帰国して、大阪にある年商50億円程度の専門商社に就職しました。25歳のときです。

私はそこで日本のメーカーの素材をインドネシアやシンガポール、エジプトに販売する業務を担当し、1年の半分はそれらの国々に滞在する生活になりました。

当時の仕事はハードではありましたが、楽しいとも感じていました。業務の合間を縫って、エジプトのピラミッドなど様々な場所を見聞できたことも、貴重な体験でした。

しかしインターネットが急激に普及していく状況を見て、このビジネスは先細りになるのではないかと感じたのです。

そのようなことを考えていた頃、ナイル川のほとりを散歩しているとイスラムの祈りの音楽が聞こえてきて、ふと、思いました。

「このままではだめなんじゃないか?」

そしてすぐに、インターネット業界に飛び込むことを決めました。明確な戦略があったわけではありません。ただ、「**現状の延長線上には何も見えなくなっていた**」のです。

▼補欠の繰り上げでベンチャー企業に採用される

再び帰国した私は、まだ就職先も決まっていないにもかかわらず、大阪のマンションを引き払って東京に向かいました。

――インターネット業界なら東京だろう。

そう思ったのです。

そして求人誌や人材紹介会社を通して6社ほど面接したのですが、1社だけ不採用でした。

その不採用だった会社が最も印象的でした。それは面接といってもほとんど社長がしゃべっていたためです。

しかもその社長は言います。

「我が社は大きくなったらインキュベーション的なことを始めて、起業しようとしている人間を支援する」

当時はわずか10名ほどの小さなオフィスの会社でしたが、そこで語られた夢の大きさに、面白い社長だな、と感じました。

その後、私は合格した会社のどれかに就職するか、まだ他も探してみるか迷っていました。すると不採用だった会社の役員からメールが届きます。

今度、内定者たちと焼き肉を食べに行くので一緒に来ないかとの内容です。

気になっていた会社でしたので、即、「行きます」と返信すると、そのまま入社が決まってしまいました。

後日聞いたところでは、内定者の一人が入社しないことがわかったため、私が採用されたわけです。

つまりは、補欠の繰り上げ採用でした。

しかし新規事業の立ち上げに興味を持っていた私は、これはチャンスかもしれないと思ったのです。

▼新規事業が新人に委ねられる

こうして2001年の4月に入社したそのベンチャー企業の主な事業はウェブサイ

トの構築事業でした。

ところがこのウェブサイト構築事業は、インターネット黎明期には急成長した事業でしたが、私が入社した頃にちょうどITバブルが弾け、競合も増えていたために価格競争が熾烈になり、もはや儲からない状況になっていました。ビジネスモデルが古くなっていたのです。

当時の私はこのメイン事業ではなく、カップリングパーティー情報誌の広告営業を担当していましたが、当時は出会い系サイトの利用者が殺傷事件を起こすなどしたこともあり「出会い系は危険だ」という風潮になり、さっぱり受注できないという状況でした。

そんな折、この情報誌の大口クライアントの1社から、請求書にチラシを入れられる媒体があれば広告を出したいという相談がありました。

その相談を受けた社長には、偶然にもちょうど請求書に同封するチラシの広告主を探していた広告代理店の友人がいたため、すぐに話がまとまりました。

その結果、即時に500万円の売り上げが発生したのです。メイン事業のウェブ構築で500万円の売り上げを上げるためには2ヵ月間の制作期間が必要でしたから、なんとも手離れが良く、お客さんにも喜ばれる良いビジネスだと思ったものです。

しかも知り合いの広告代理店関係者にこのビジネスのことを話してみると、なかなかに良い感触です。

――これは会社にとってビジネスチャンスだ。

しかしただでさえ少人数で仕事を回している社内では、誰もこの新しいビジネスに時間を割くことができません。

そこで私が手を挙げました。

そこは少人数のベンチャー企業です。社長は即答で承諾しました。

これが人材が豊富な企業であれば、新規事業には実績がある優秀な社員が選ばれるはずです。しかしベンチャー企業では、まだ実績が無い人材でも、すぐに新規事業を担当するチャンスが回ってきます。

これほど早く新規事業を立ち上げる経験を得られるとは、と内心驚きましたが。

▼新人が経営者と一緒にビジネスを育てる

新規事業に手を挙げた私は、社長のアドバイスを受けながら営業活動を進めていきました。ターゲットを絞り込んだことや、請求書にチラシを同封するというわかりやすい商品コンセプトが好感を持たれたのか、無名で小さなベンチャー企業にもかかわらずどんどんアポが取れました。

このとき、ビジネスは商品力とコンセプトが重要であることをつくづく感じました。また、商品コンセプトを一言で表すことの重要性にも気付きます。当時、この商品を一言で表せる何か良い名称はないかと悩んでいたところ、社長から「同封広告」と呼んではどうかと言われました。

確かにわかりやすい。これで通じなければまた考えればいいだろうと、とりあえずは「同封広告」で営業活動をしましたが、この呼称はすんなりと受け入れられたため、アポが取りやすくなったのです。

当時は営業活動に社長にも同行してくれるよう要請していたため、新人社員が社長と一緒になってビジネスを立ち上げて育てているという実感を持ったものです。

そして営業を始めて3ヵ月間ほどはなかなか受注できずにいましたが、某生命保険会社との契約がまとまると、その実績が信頼を勝ち取ったのか、次々と受注が決まっていきました。

このように新人が社長と共に新しいビジネスを立ち上げて育てるという体験を持てるということは、まさにベンチャー企業ならではと言えます。

▼何でもやると即答できる社風

この同封広告の営業をしているとき、ある大手企業から私に声がかかりました。

私が自社の社長を伴って早速伺うと、今やっているビジネスとは関係が無い相談を受けたのです。

私のことを部下から聞いたという先方のトップが、ちょっと変わった案件を打診してきました。私がユニークなビジネスをやっているので、相談できるのではないかと思ったらしいのです。

その会社はプロバイダー事業を拡大しようとしていたため、顧客獲得の手段として、街頭でモデムの無料配布を始めていました。そこで私に、モデムを配布するための場所取りをして欲しいと言います。

私にはそのような仕事の経験が全くありませんでしたし会社としてもそのような仕事の実績はありませんでしたが、私の隣に座っていた社長が即答で「やりましょう！」と受注してしまいました。

当然、私も「やります」と答えました。

このようにトップが即答で新規サービスの受注を決めてしまうなど、大手企業であれば考えられません。まずは会社の事業方針からはずれていないかを検討しなければなりませんし、またビジネスとして妥当かどうかを、幹部を集めて会議を開く必要もあるでしょう。結局はトップの鶴の一声で決まるにしても、まずは持ち帰って皆で話し合うといった手続きを経る必要があります。

しかし、ベンチャー企業では、トップの判断は迅速ですし、新しいことに対して尻込みしません。まして本業が衰退期に入っているのですから、ビジネスチャンスに貪欲です。

郵 便 は が き

料金受取人払郵便

代々木局承認

1536

差出有効期間
平成30年11月
9日まで

1 5 1 8 7 9 0

203

東京都渋谷区千駄ヶ谷 4-9-7

（株）幻 冬 舎

書籍編集部宛

1518790203

ご住所 〒

都・道
府・県

フリガナ

お名前

メール

インターネットでも回答を受け付けております
http://www.gentosha.co.jp/e/

裏面のご感想を広告等、書籍の PR に使わせていただく場合がございます。

幻冬舎より、著者に関する新しいお知らせ・小社および関連会社、広告主からのご案内を送付することがあります。不要の場合は右の欄にレ印をご記入ください。

不要 □

本書をお買い上げいただき、誠にありがとうございました。
質問にお答えいただけたら幸いです。

◎ご購入いただいた書名をご記入ください。

『　　　　　　　　　　　　　　　　　　　　　　　』

★著者へのメッセージ、または本書のご感想をお書きください。

●本書をお求めになった動機は？
①著者が好きだから　②タイトルにひかれて　③テーマにひかれて
④カバーにひかれて　⑤帯のコピーにひかれて　⑥新聞で見て
⑦インターネットで知って　⑧売れてるから／話題だから
⑨役に立ちそうだから

生年月日　西暦　　年　　月　　日（　　歳）男・女				
ご職業	①学生	②教員・研究職	③公務員	④農林漁業
	⑤専門・技術職	⑥自由業	⑦自営業	⑧会社役員
	⑨会社員	⑩専業主夫・主婦	⑪パート・アルバイト	
	⑫無職	⑬その他（　　　　　）		

ご記入いただきました個人情報については、許可なく他の目的で使用することはありません。ご協力ありがとうございました。

結局、そのビジネスでも利益率が高い実績を出しました。

ベンチャー企業なら入社して間もない新人が、このような新規事業や新規ビジネスのチャンスを手にすることができます。

「止めろ」と言われた事業で独立する

さて、ベンチャー企業で幾つもの新規事業を手がけた私は、いよいよ独立することになります。

その頃の私は、会員制のデータベース事業を手がけていました。広告媒体に関する情報のデータベースを、契約会員だけが利用できるというサービスです。

ただ、会員制のビジネスはストック型ビジネスと言って、すぐには利益が出にくいため、そろそろ止めることも検討するようにと社長から言われていました。

そのようなときに、私が過去に立ち上げた事業の一つである顧客獲得支援事業の業績が下がっていたためその事業部に戻るように言われます。その事業部は某大手商社から転職してきた人が部長になっていたのですが、新規開拓を行わなくなったため業績が悪化してしまったのです。

実は私は、この業績悪化を社長に対して予言していました。「新しい部長は新規開拓をしていませんよね。このままでは業績が悪化しますよ」と。

そのために一旦、顧客獲得支援事業も掛け持ちし、業績を回復させた後、再びデータベース事業に専念します。データベース事業は赤字だったのですが、あと1年あれば必ず黒字にできると見込んでいたため、諦めませんでした。

ところが会社からはもう止めるように言われていたのです。

そこでプロジェクトメンバーたちが、「これは独立するしかないですよ」という雰囲気になってきます。そしてメンバーたちから「清水さん、社長になってください」と懇願されて、とうとう独立したわけです。

ですから、この独立は自分から思い立って起業したのではなく、周りから背中を押されて起業したわけですね。30代後半にさしかかっていた頃です。メンバーは皆20代後半でした。

それまでいくつかの事業を立ち上げてきた私ですが、全て部下に権限を委譲して任せてしまっていたので、当時は暇になっていました。仕事は上手く回り始めたらどんどん部下に任せていくべきだと考えていましたので、やることが無くなっていたのです。

この独立の話を社長に持ちかけたとき、社長はかねてから「たくさんの事業家、起業家を創りたい」と口にしていましたから、快く送り出してくれました。

「もう僕はいないから、後ろ盾が無いことがいかに大変かよくわかるときが来るけれども、頑張ってくれ」

その社長の言葉の重みを感じたのはそれからだいぶ経ってからです。今でも失敗したら責任は全て自分にかかり、全てを失うのだというプレッシャーの重みを忘れることはありません。

▼失敗したビジネスから生まれた新事業

実は、この独立のきっかけになった会員制のデータベースサービスのビジネスモデルは失敗した事業から生まれました。

その失敗したビジネスモデルとは、フリーペーパーを集めてウェブサイトで公開し、そのサイトで広告を掲載したいフリーペーパーを見つけた閲覧者が広告掲載を発注したら、そのフリーペーパーの発行者から成果報酬をいただくというものです。つまり、集客代行業です。

ところが全く売り上げがありませんでした。

このビジネスモデルは私が発案したものではなかったのですが、完全に失敗しましたので、企画会議で運営を止めるべきではないかという議論をしました。

そのとき、誰かが「売り上げを発生させる仕組みを逆にしてみるとか……」といった発言をしたのです。それを聞いて私は閃きました。

――そうだ、メディアの情報が売れるじゃないか。

ところがその後の経緯をよく覚えていません。サービスの完成形に関しては、私の発案ということではなく、ブレーンストーミングに私も加わっていたというだけだったかもしれません。

ただ、当時は新規事業を立ち上げることになると、必ず私には声がかかるようになっていました。それで会議が開かれると、「それじゃあ清水君頼んだよ」と言われたのです。どうやらお酒の席で「私がやります」と言っていたらしいのですね。全く覚えていませんが。

この新しい事業は、システムの開発が順調には進まず、やや迷走し始めていました。ところが当時の私は、上手くいっていない事業に関わることが好きだったのです。自分のアイディアや行動で物事が改善されていくことに手応えや面白みを感じていたわけです。

失敗してもどうってことはないというタフさも身に付いていました。そもそも会社が潰れそうなときに入社していますから、だめで元々という考え方になっていたのでしょう。

このような**起業家精神やタフさ、そして楽観性というものは、若い内の経験で培われる**と思います。20代から30代、しかも少人数だからこそ、回ってくるチャンスが多い環境に身を置くことが必要です。

▼「0→1」を体験しやすい環境にある

ベンチャー企業で働く醍醐味は、なんといっても新しい事業や新しいビジネスモデル、新しい技術といった、これまでに無かったビジネスを体験できる環境にあるということです。

このことを私は、「0→1」を体験できると表現しています。

まず、**「0→1」は、まだ世の中に無い商品やサービスを提供できるビジネスを立ち上げること**を表しています。

この「0→1」を体験できる環境を見つけることは少々難しいかもしれません。というのも、この段階を体験できる企業の規模は社員が20名前後のベンチャー企業ですが、既に成長軌道に乗ってキラキラしているところはもはや「0→1」の段階を終えている場合が多いためです。

それでもベンチャー企業であれば、自ら「0→1」を体験できる事業を立ち上げるチャンスや、まさに立ち上げようとしているプロジェクトチームに参加するチャンスは、一般の企業よりはずっと多いでしょう。大企業では絶望的に難しくなります。

ベンチャー企業以外の一般企業では、新規事業を立ち上げられる立場にあるのは幹部クラスだけです。

まれに、この幹部が立ち上げた新規事業に一般社員が参加できるチャンスがありますが、これは「0→1」を体験できているというより、その体験をしている幹部や先輩社員たちに乗っかっているだけで、自ら立ち上げているわけではありません。ですからこれといったスキルが身に付いているわけではありません。

なんだか貴重な体験をしたという興奮状態を共有できたかもしれませんが、それだけです。たいした仕事はさせてもらっていないのですね。

残念ながら、これでは経験したとは言えません。

▼ブームに乗ってもスキルは身に付かない

似たような状況に、好景気に乗ったことで自分が伸びていると錯覚してしまうことがあります。

たとえば最近の例では、人材紹介業界などです。

現在、この業界では人手不足が追い風となり、営業が工夫をしなくても簡単に受注できてしまいます。

特に若い営業担当者は、売り上げが伸びて数字に表れていますから、それに合わせて自分のスキルも高まっていると勘違いしています。単にブームに乗っているだけなのですが。

ですから、あと数年してこのブームが去ったとき、彼らには何も残っていないでしょう。そうして業界が不況になって、いざ転職しよう、あるいはリストラが始まったときに、自分のバリューが自分で思っていたほどに高く評価されていなかった、ということを思い知らされる人がたくさん出てきます。彼らは本当の意味で「0→1」を体験していないので、これといったスキルが身に付いていません。

それでは私の会社の場合はどうでしょうか。

弊社では、入社歴や年齢、役職に関係無く、新しい製品やサービスを立ち上げることが可能な環境を用意しています。

但し、なんでもかんでも新規ビジネスとして立ち上げられるわけではありません。

まず、新規事業を立ち上げるべきかどうかについて、次の2つの条件を満たしていることが前提になります。

・ある分野でNo.1になれる可能性があること。
・収益が出始める段階が予想できていること。

これだけです。特にある分野でNo.1になれる可能性については、ビジネスの規模は問いません。大手企業であれば、巨大な組織を維持するために、ビジネスの規模もはじめから大規模にせざるを得ませんが、ベンチャー企業の場合にはそのような制約はありません。小さく始めて育てていくことが可能です。

▼トップとの距離の近さ

ベンチャー企業では、年齢や社歴にこだわらずに活躍できる土壌がありますが、トップとの距離が近いことも特徴です。そのため、社員はトップの考えや行動に常に接することができますし、トップも現場で何が起きているのかを常に把握できています。

また、社員のアイディアも活かされやすい環境があります。

特に私の会社では、社員とトップの一体感や、情報共有、アイディアの共有を容易にするために、フラットな座席配置を行っています。社長室がありませんし、管理職の島もありません。

社長である私自身が、一般社員たちが座っている座席の中に交ざって座っています。また、いわゆるお誕生日席の位置にも座っていません。ですから外部の人が見れば、社長がどこにいるのかわからない状況で仕事をしている状態です。

このようにフラットな座席にすることで、ただでさえできやすい社員とトップの壁を、可能な限り低くしようと考えているのです。

たとえば社長室があったり、別の島に座席があったりするだけで、社員は社長に何かを伝えたいときに、心理的な敷居の高さを感じてしまいます。

その結果、ちょっとした相談を気軽にできなくなるのです。その相談の内容が、社員にとっては「やっぱり社長に言うほどのことではないかな」と思って引っ込めてしまうことでも、実は後々に大きな問題や大きな成果につながることだったかもしれません。まずは、社長が聞いてみて判断する必要があったかもしれないのです。

また、何か企画書などの資料を提出しようとしたときも、社長の席が離れていると、それだけで「あ、やっぱりもう少し揉んでみよう」などと提出をためらってしまい、無駄な時間を過ごしてしまうこともあります。早い段階で気軽に提出していれば、より早い段階で改善点や疑問点が見つかり、もっと早く完成度の高い企画や資料が仕上がっていたかもしれないのです。

一方、社長や幹部自身も、社長室や特別に立派な座席を設けてしまうと、なにやら自分が偉くなったような気になってしまい、感性やスピード感が鈍ってしまうのではないかという心配もあります。

その意味でも、社長室は不要だと考えています。

▼自分で目標を決めて、自分で達成する

ベンチャー企業では、業務がルーチン化されていないことや、まだまだ新しいことに挑戦できる土壌があることから、仕事上のルールが少ないという特徴があります。

これはすなわち、個人の裁量に任されている部分が大きいため、比較的自由に働くことができることを示しています。

実際、私の会社でも、社員には仕事を行う上での最低限のルールさえ守っていれば、社会常識を逸脱しない限り比較的自由に活動させています。ルールが多すぎると、仕事に対する柔軟性や勢いが失われてしまいます。これは、企業にとっては活力やスピード感を削がれてしまうことを意味します。

ただし、全く自由では緊張感がありませんから、弊社ではＫＰＩを明確にしています。ＫＰＩとは Key Performance Indicators の略で、日本語では重要業績評価指標と呼ばれています。

ＫＰＩには業務内容ごとに様々な指標が利用されますが、たとえば最もわかりやすい例では、営業にとっての売り上げ目標達成率や成約率などがあります。

つまり、目標値が明確であれば、達成率も数値として明確に評価できますから、仕事の進め方を自由にしておいても社員はだらけたり目標を見失ったりすることはありません。

また、自分自身で、現在どれくらい仕事の成果を出せているか自己診断できます。そして何より、ＫＰＩを自分で決めさせていますから、「言われたから仕方なくやっている」といった無責任さは無く、自発的に努力や工夫を行うようになります。

さらに弊社ではＫＰＩ以上にＯＫＲを重視しています。ＯＫＲとはObjective and Key Result（目標と主な成果）の略で、ゴール設定を行うという点ではＫＰＩと似ています。

ただ、ＫＰＩは個人や部署単位での目標値を設定するのに対し、ＯＫＲは企業の目標と各部署の目標をリンクさせます。つまり各部署の目標が達成されると、会社全体の目標も達成されるという構造を持ちます。

たとえば会社の目標（Objective）を「日本一使いやすい広告媒体比較サイトを提供して企業の広告活動を効率化する」と設定し、主な結果（Key Result）を「比較サイトのアクティブユーザーを○社以上にする」と設定します。そして営業部の目標

（Objective）を「日本一利用される広告媒体比較サイトを提供する」として主な結果（Key Result）を「新規会員登録○％アップ」とするなどです。

しかも目標は各自が自分で設定していますから、頑張りが違います。自由には責任が伴うということですね。しかし達成感も大きいですし、自分の工夫が成果となって出てきますから、面白くなってきます。

そして、一つ達成していくごとに自信が付いて、人としても大きくなっている実感が得られるのです。

▼アイディアを出すのにベテランも新人も無い

現在私が経営している会社では、新サービスの開発や新規事業を始める際には、営業担当者にも案を出してもらっています。これは単に人員が不足しているというだけでなく、営業であれば顧客のニーズを的確に拾い出せるという理由もあります。誰よりも頻繁に顧客と接しているのは営業ですから、彼・彼女らこそ顧客のニーズを拾い出せると考えているためです。

ですから営業担当者には、常に顧客が不満に思っていることや、あったらいいのにと思っている要望には注目するように伝えています。それは現在提供しているサービスに対する不満や要望に限りません。むしろ関係無いところから、新規事業や新サービスのネタが拾えると考えています。

そしてそのようなネタを拾い出すことができたら、営業担当者レベルですぐに企画を考えるように伝えているのです。ベンチャー企業ではベテランも新人も関係ありません。新規事業や新サービスのアイディアがあれば、たとえ新人でもそれを具体的なビジネスとして実現できるような風土を用意することが経営者である私の役目だと考えています。当然、良い企画であれば、私自身ができる限りのサポートも惜しみません。

これが大企業であれば、そもそも営業担当者、まして新人に、新規事業や新サービスを考えさせることなどありませんし、アイディアがあったとしても、受け付けてもらえません。そのようなことは専門の企画部門や商品開発部門、あるいは経営者が行うことだと決まっていますから。

▼DCA&DCA能力(とりあえずやってみる、だめなら変えてみる)

ベンチャー企業で身に付けられる力の一つに「DCA&DCA能力」があります。「DCA&DCA能力」とは、「とりあえずやってみる。だめなら変えてみる」ということができる能力です。ビジネスの世界ではPDCA(plan-do-check-act)サイクルが有名で、重視されています。すなわち、計画して実行し、それを評価して改善するということを繰り返すことが生産管理や品質管理などを改善する方法であるという考え方です。実際にはより広くビジネスや経営の場で活用される考え方です。

ところが私は、PDCAの内の最初のPは不要なのではないかと考えています。少なくとも小さなpで十分だと考えているのです。

時代の変化が激しく、市場が飽和状態にあると言われる現代では、軽快に新しいビジネスを生み出して変化に対応するスキルが必要です。

そのとき、PDCAという考え方では、多くの場合においてP、つまり計画に時間をかけすぎているのではないでしょうか。

特に日本の大企業は、Pにエネルギーを注ぎすぎるあまり、肝心のD以降にたどり着けない、すなわち計画倒れが多すぎると思えるのです。ですから、私の会社ではまず動いてしまえばいいと考えています。

いくら綿密な計画を立てても、それは所詮机上の空論ですから、市場には受け入れられないかもしれませんし、実行が困難な計画になってしまっているかもしれません。

なぜ、ルンバは日本で生まれなかったのか

たとえば今でこそ家庭用ロボット掃除機が何種類も販売されていますが、最初に市販の製品を出したのはスウェーデンのエレクトロラックス社で２００１年でした。そして２００２年には米国のアイロボット社がルンバを発売し、日本でもヒットしました。

ところがロボット掃除機の技術は日本でも開発されていたと言います。しかし仏壇にぶつかってろうそくが倒れたりした場合の問題を処理するルールが作れないという理由で出遅れたのだという話があります。

Ｐで止まってしまったわけですね。

おそらく日本では、特に大企業ではＰで止まってしまっている優れた企画がたくさん埋もれているのではないでしょうか。

たとえば私の会社では、新製品やサービスのアイディアが出れば、まず３枚程度の簡単な企画書を作成して顧客に提案してしまいます。Ｐが全く無いわけではありませんが、Ｄに含まれてしまう程度の重みです。Ｐから始めていては、企画書だけで数十枚になってしまい、しかも机上の空論ですからＤに進めない可能性が高くなります。

しかし、まずＤから始めて動き出してしまえば、顧客の反応という形で市場のニーズを明確にすることができます。そしてだめならすぐに改善すればいいですし、良ければ即実行に移せます。

つまり、小さなｐがあったとしてもＤありきのｐだよね、という考え方です。

この考え方を実践しているのが米国のシリコンバレーだと言えます。Ｇｏｏｇｌｅなどもそうですが、まだ完成度が低い段階でもとりあえず製品やサービスを市場に出してしまいます。そして市場の反応を見ながら改善していくというやり方ですね。つまり、まず動いてからアップデートしていくのです。

計画ばかりに時間と労力をかけずに、とりあえず動いて市場の反応を見ようということです。

▼独りよがりの企画で失敗した

新製品や新サービスを立ち上げるときには、まず行動してみるDCAのサイクルが必要だとお話ししました。

ところが私自身が、このDCAをいい加減に行って失敗したことがあります。

ここで簡単に、私の会社で新製品やサービスを立ち上げる手順を説明しましょう。

・顧客の不満を集めて、そこから新しいニーズを拾い出します。
・ニーズを満たせるであろう新製品やサービスの簡単な企画書を作成して、顧客に提案します。ここで市場の反応を確認するわけです。
・顧客の反応から改良点を見つけて企画書に反映させます。

・ブラッシュアップした企画書を顧客に見せて、製品化されたらいくらくらいの金額なら購入するか調査します。
・企画内容と金額が妥当だと判断したら、製品化します。顧客から提示された金額が妥当ではないと判断したら、この企画は見送ります。

ところが、私自身がこれらのステップを踏まずに、自分の思いだけで企画を商品化して失敗したことがありました。具体的には、営業の教育商材と研修のセットです。

これは前述のステップで言えば、顧客からニーズを拾い出すことをせずに自分で勝手にニーズがあるはずだと思い込んで企画したのです。

しかも企画段階で顧客の反応を確認することもせず、何より顧客が出せる金額の確認もしませんでした。

つまり、DCAからDCを飛ばしていきなりAに走ってしまい、商品化してしまったのです。私はこの商材の商品化にかなりの時間と労力をつぎ込みました。絶対に売れるという自信があったのです。

しかし、結果としては3社から4名の受講者が参加しただけで終わりました。完全に失敗です。つぎ込んだコストも運営にかかるコストも回収できませんでした。

しかも実際のサービスを始めてから気付いたのですが、この商材の販売と研修は、私にしかできないものでした。つまり、どのみち事業として拡大することが困難なサービスだったわけです。

▼「新・バッターボックス理論」

「バッターボックス理論」という言葉が使われることがあります。これは、バッターボックスに立ったら、これから投げられる球を打つことだけに集中すべき、という考え方です。よく資格試験や大学受験に対するアドバイスとして使われますが、できない問題や自信が無かった問題にいつまでもこだわらず、また、次の試験のことを不安に思うのではなく、今まさに解こうとしている問題に集中すべきだという考え方です。

この「バッターボックス理論」をもじって、私は「新・バッターボックス理論」を提唱したいと思います。

これは、球団に入ったからといって試合でバッターボックスに立てるとは限りませんが、レギュラーになれば必ずバッターボックスに立つチャンスがやってくるということです。

つまり、大企業のような巨大組織の中では、新規事業に関わったり任されたりする可能性はかなり小さいですが、人数が少ないベンチャー企業に入った場合は、それだけでレギュラー入りしたようなものですから、すぐに新規事業を立ち上げる機会を得ることができます。

つまり、バッターボックスに立つ機会が何度でも巡ってくるのです。このことは、前にお話しした私の実体験からも感じ取っていただけるかと思います。

そうして何度もバッターボックスに立つ機会があれば、バッティング技術や勝負強さも身に付いてきますので、ヒットやホームランを打つ可能性も高まります。

その代わり、何度もチャンスが巡ってくる分、忙しいということはあります。

また、大企業ではせっかくバッターボックスに立てそうな機会が巡ってきても、前例が無ければバットを振らせてくれません。失敗した前例があればなおさらです。

しかしベンチャー企業の場合は、前例が無いからこそバットを振ってみろ、となりま

バッターボックスに立つチャンスが多い

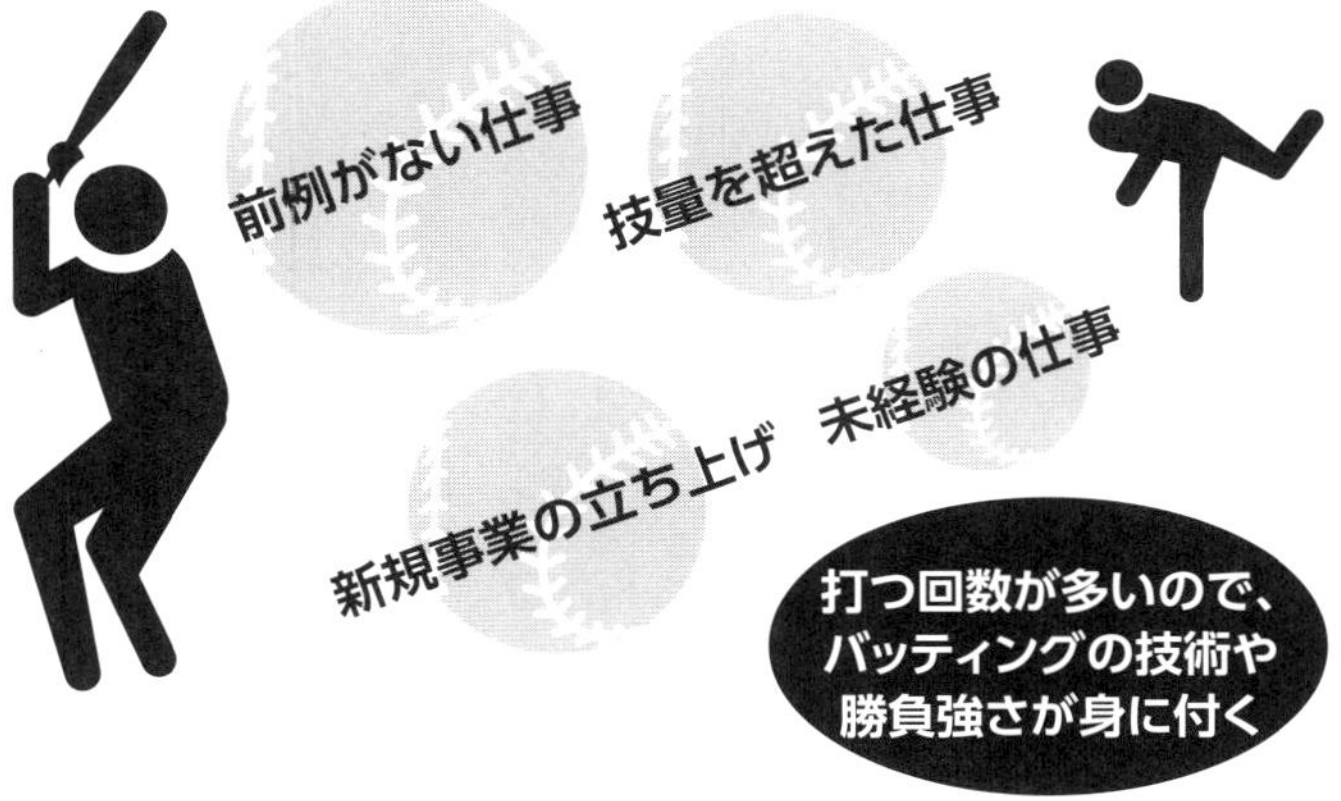

す。そこで失敗した前例があっても再検討します。周りの状況が変わったり、技術の進歩があったり、あるいは少し切り口を変えてみることでヒットやホームランになる可能性があると考えるからです。

人に対しても同様です。大企業では減点主義で評価されますので、失敗を恐れてチャレンジ精神が失われていきます。しかしベンチャー企業では、**失敗していない人は何もチャレンジしていない人だと評価されます。**そのため、失敗に対しても寛大になるのです。

その結果ベンチャー企業では、起業家精神のある人材が育ちやすくなると言えます。

第4章

ベンチャー企業で伸ばせる稼ぐ力

▼「無い」という状況が稼ぐ力を育てる（資金、物資、人員が乏しいことはチャンス）

ベンチャー企業で働くと、否が応でも稼ぐ力が身に付きます。その最も大きな理由が、資金も物資も、そして人員も乏しいからです。

資金や物資が無ければ、何をするにしても工夫しなければなりません。そのため、常に考える習慣が身に付きます。コストをかけずに宣伝するにはどうすれば良いか、初期投資を抑えながら売り上げを伸ばすにはどのようなビジネスモデルがありえるのか。人は制約がある方が、頭を使おうとします。

そして最も稼ぐ力を付けさせてくれるのが、人員が乏しいという環境です。つまり、ベンチャー企業では頭数が少ないということです。

私が働いていた前の職場がまさにこれらの条件が揃っていましたので、そこでの体験談を少し紹介します。

その会社は私が入社した当時はわずか社員10名ほどでした。しかも私が入社した直後に赤字になってしまいました。

直接の原因は、それまで働いていたトップ営業マンが、クライアントを持ち出して辞めてしまったことです。それで売り上げの数字が一気に下がったわけです。

しかし、これは一時的かつ表面的な原因で、より大きな原因は、ビジネスモデルが社会の変化から取り残されていたことにありました。

商機を捉えるセンスが磨かれる

第3章で述べた通り、新規事業の成功という実績を作った私は、自分のビジネスセンスに自信を持つことができました。それから次々と新規事業を立ち上げていきます。ところがその内の一つであったウェブコンテンツ事業では見事にコケました。生活に役立つコンテンツを発信し、そこに成果報酬型の広告を掲載するというビジネスです。

ちょうどその頃、同封広告の営業をかけていた顧客のトップから声がかかったことも既にお話ししました。

プロバイダーの契約者を増やすために街頭でモデムを無料配布するから良い場所を見つけ出して確保して欲しいという相談です。

これは、自分たちの事業とは全く関連性が無かったのですが、顧客の方で何やら勘違いして相談してきたのです。

——え？　広告の仕事ではないの？

一瞬、そう思ったのですが、私の隣にいた自社の社長がすぐに「任せてくださ い！」と答えていました。いちいち持ち帰って幹部会に諮るなどといったまどろっこしい手間はかかりませんでした。ビジネスチャンスだとわかればすぐに捕まえるという社風があったためです。

もちろん、そのような場所取りのビジネスなど未経験です。会社に戻ったところで誰も経験者はいませんから、話を持ち込まれた私が担当になります。

それですぐに人の往来が多いビルを見つけ出して、支払額を決めて許可を取りまくるということをしました。

その結果、かなり効率よく儲けることができたのです。原価率が低く売り上げを上げやすいビジネスでしたから、あっという間に3人のチームを編成できるほどの利益をはじき出しました。

何でもありとまでは言いませんが、このようにベンチャー企業で働いていると、商機を捉える能力が備わります。

これが大企業であれば、新規事業は新規事業開発部などといった部門が専門に担当しますから、それ以外の部門で働いている社員が商機を捉えるスキルなど一生身に付ける機会がありません。

▼会社全体を俯瞰できる「鷹の目力」

ＡＩが職場に普及して、細分化された業務が自動化されたとき、多くの会社員が必要とされなくなるか、より高度な業務へのシフトを要請されることになります。このとき、多くの会社員、特に大企業で働いてきた会社員は、細分化された業務のスペシャリストとなってしまっているので、他のセクションや他の企業では使えない人材になってしまっている可能性があります。

「鷹の目力」

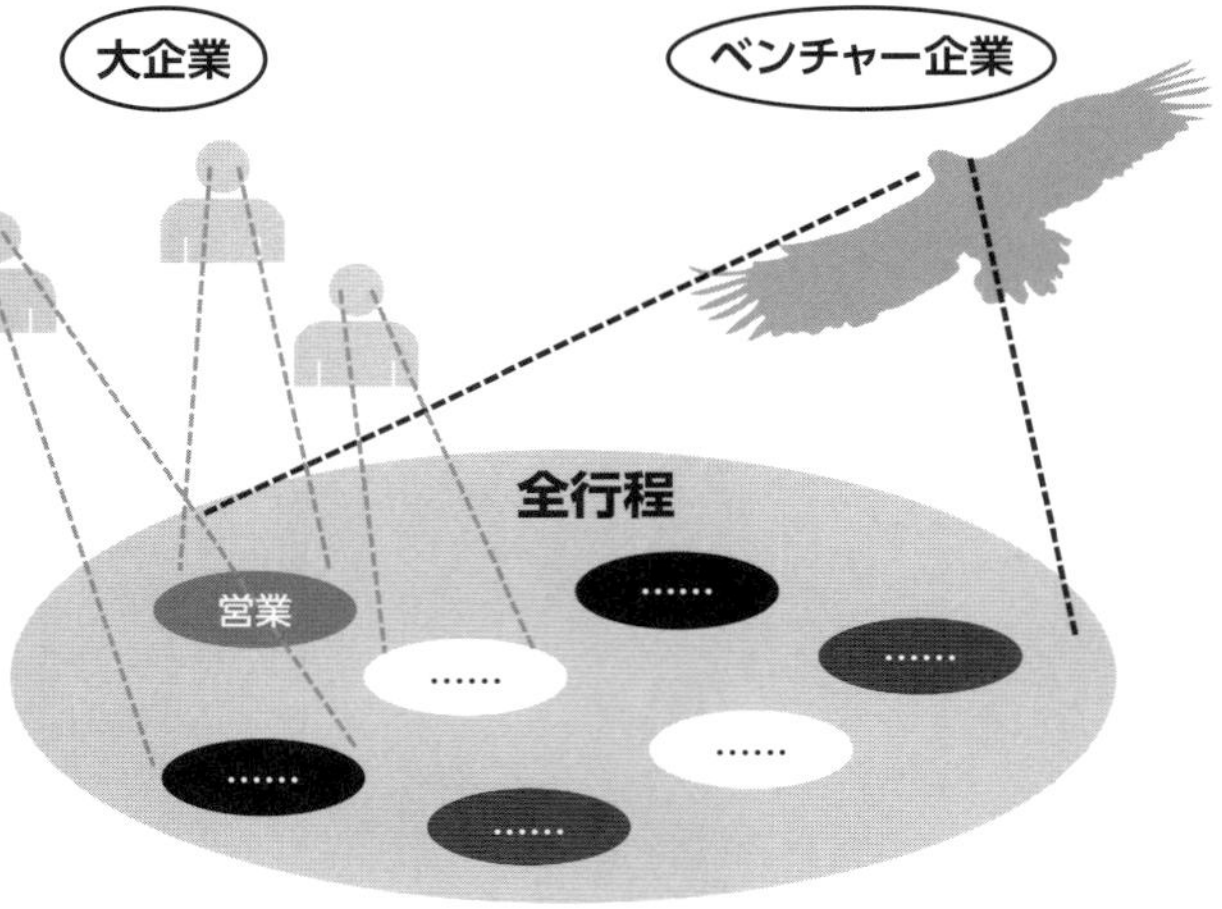

しかし、このようにＡＩが普及したときでも必要とされる人材があります。それはビジネスの全工程を俯瞰して見ることができる「鷹《たか》の目力《めりょく》」を持っている人材です。

そのような人材に20代あるいは30代前半の内になることができていれば、企業が手放すことはないでしょうし、もし転属や転職を考えた場合でも、若いですから比較的容易だと想像できます。

しかし、ビジネスの全体を俯瞰できる「鷹の目力」を身に付ける機会を得るためには、大企業の場合ではどうしても執行役員クラスにまで出世していなければなりません。これではほとんどの社員が「鷹の目力」を手に入れるチャンスが無いと言えます。

一方ベンチャー企業の場合は、一人に任される業務が広いですから、早くから「鷹の目力」を手に入れることができます。そのため、運悪くそのベンチャー企業が倒産したり、ステップアップのために転職しようとしたりするときも、どの会社でも力を発揮できるビジネススキルを身に付けていることになります。

あるいは自分で起業するときにも役立ちます。

▼ジョブローテーションでは身に付かないスキル

しかし大企業でもジョブローテーションがあるので、そこで全体を俯瞰する能力が身に付くのではないかと思われる方もいるでしょう。

確かに大企業では、自社の業務の理解度を高めるためにジョブローテーションを行うことで、社員に様々な業務を経験させるようにしています。

ところがジョブローテーションで経験できるのは、あくまで異動した先の細分化された業務経験でしかありません。つまり、そこで身に付くのは細分化された業務を最適化するスキルなのです。

細分化された業務の最適化とは、その部門のことだけに適した能力を身に付けるということですから、やはり前後の業務との関係や、全体の流れやバランスを考えることができるようにはなりません。

そのため配属された部門の生産性を高めることができても、前後の工程がボトルネックになっているかもしれないということに気付きませんから、結局会社全体の生産性を高める能力が身に付いたとは言えないのです。

当然そのスキルでは、新製品やサービス、あるいは新規事業を立ち上げるといったスキルは身に付きません。全体を俯瞰することができていませんから、新しいビジネスではどのような工程が必要で、全体でどれくらいコストがかかるからいくらで売ればどれだけの利益が出せる、といった大まかな予測を立てることができません。

このような予測能力があるか無いかが、ビジネスセンスのある無しということです。つまり、稼ぐ力の有無です。

▼部門の最適化は他部門への責任転嫁を助長する

大企業のジョブローテーションでは、事業運営のスキル、つまり「鷹の目力」が身に付かないことを説明しましたが、そこではどのようなことが起きているのかもう少し見ていきましょう。

ジョブローテーションでは確かに様々な業務を経験することができますが、その部門で働いているときは、その部門の最適化だけを意識して働いています。そのためさらに高い視点から前後の工程も含めて俯瞰しようという動機がありません。皆、自分の業務、部門の範囲内で頑張ることだけを目指してしまうのです。

したがって、成果が上がれば自分や自分が所属する部門の手柄にしますが、失敗したときは、その原因を前後の工程の他の部門に転嫁しようとします。

このような傾向は大企業ほど顕著です。

たとえば新しい製品やサービスが売れなかったとき、企画部門は営業部門の販売戦略や販売力、あるいは努力が足りなかったせいだと言います。

一方、営業部門は、企画部門の企画力の無さや、市場調査不足を責めます。

このように、他の部署に責任転嫁するのは自分の査定や出世に響くからなのですが、これでは事業を成功に導くための解決策を見出すまでには至りません。

▼ジョブローテーションでは前後の工程を配慮できない

しかしベンチャー企業では新規事業を任されたメンバーにはひとつの事業を成功させようという一体感がありますから、誰もが全体を俯瞰した上で、どこに問題があったのかを的確に見つけ出します。決して特定の部門や個人のせいにはしません。そして一丸となって、改善案を出すのです。

このとき、事業運営スキルを身に付けた人材は、全工程を見てバランスを考えます。車の構造で言えば、エンジンだけ強化してもシャーシが弱ければ十分な性能を発揮することができないことと同じです。また、家を建てるとき、土台がしっかりしていなければ、いくらデザインが良くても耐久性が低くすぐに劣化してしまうでしょう。そのような全体のバランスを、仕事においても見ることができるのです。

しかし大企業の場合は、各部門が責任を押しつけ合いますので、チームを束ねている責任者一人だけが、どこに問題があったのかを見極める必要に迫られます。

これでは、新規事業のプロジェクトに参加していても、全体を俯瞰する「鷹の目力」は身に付きません。

その結果、たとえば商品企画部門は販売方法のことまで考えて口出ししません。販売が上手くいかなかったときに責任を問われるからです。

結局、各部門は前後の工程のことまで配慮した業務の最適化は行わないのです。

ジョブローテーションの長所と短所

それならなぜジョブローテーションを行うのかというと、メリットもあるためです。

一つは、人材の適材適所がわかるかもしれないということです。誰がどの業務に向いているのかということですね。もっとも、せっかく能力を発揮しても、次のローテーションの時期が来たら、適性にかかわらず異動させられる可能性が高いですが。

次に、飽きないというメリットがあります。細分化された業務だけをこなしていると、それが楽でいいやという人にとっては結構なことですが、たいていの人は飽きてしまいます。飽きると生産性が低くなる可能性もあります。

ただ、細分化された業務の最適化のためのスキルしか身に付けられなかった人たちは、AIにより業務が自動化されたとき、会社に必要の無い人材になりますから、リストラ予備軍になります。

地方銀行ではこれまで融資の審査の書類は手書きで行われていたそうです。その書類の記入漏れがないかどうかをチェックするだけの業務に従事している人たちが1行あたり数百人いるというのですね。

しかしこれがAIにより自動化されると、そのチェック業務のプロフェッショナルたちは、必要が無くなります。

このことはどの業界のどの部門でも数年後には起きる現実です。そのとき、皆さんにとっては、**AIを使いこなす側にいられるかどうかが重要**になってきます。

▼ベンチャー企業の規模だからこそ身に付く事業運営スキル

ベンチャー企業では「新・バッターボックス理論」により、すぐに新規事業立ち上げのチャンスが巡ってきます。これは、「鷹の目力」を身に付ける絶好のチャンスです。

一方、大企業でも様々な業務を経験できるジョブローテーションがありますが、これは細分化された業務の最適化でしかないことは既に述べました。

それでは、大企業における新規事業立ち上げでは「鷹の目力」を身に付けるチャンスは無いのでしょうか。

結論から言いますと、非常に難しいでしょう。

まず、大企業で新規事業を立ち上げる場合は、いきなり大規模で始められます。維持しなければならない企業自体の規模が大きいため、回収する金額も大きくする必要があるのです。また、予算も潤沢です。

そしてプロジェクトチームも数十名から数百名で編成されるか、あるいは外部スタッフをたくさん抱えられるように大きな予算が用意されます。

その結果、はじめから営業チーム、企画チーム、開発チーム、購買チームなどといった分業化が行われ、業務の細分化が行われます。

このようなチーム規模と編成になってしまいますので、結局、全体を見ることができるのは、社内で選ばれた実績のあるエリートに限られます。そこではまだ実績が無い若い社員が、チャレンジする機会は与えられません。

そしてプロジェクトは綿密な計画に基づいて一気に展開されます。スタッフは自分の担当する業務だけを追いかけるのがやっとでしょう。

ですから、プロジェクトが成功しても、参加したメンバーには達成感はあるかもしれませんが、敷かれたレールに乗っていっただけで、特にスキルが身に付いたとは言えません。

しかしベンチャー企業では、いきなり大きな収益を必要としませんから、新規事業も小さなテストと改善を繰り返しながら育てていくことができます。その事業の成長と共に、新規立ち上げに加わったメンバーも成長していけるのです。

そしてそのような成長体験は、できるだけ若い内にしておくことが必要です。遅くとも30代前半までですね。

そして**事業の立ち上げと成長を、全体を俯瞰しながら体験して身に付けた事業運営スキルは汎用性が高いですから、AIが普及しようとも職場が変わろうとも、役に立ちます。**

▼圧倒的な営業（セールス・マーケティング）3C力を身に付ける

「鷹の目力」を身に付けることも大切ですが、商品・サービスを売るという営業力も大切です。営業力を高めるためには、「Customer（市場・顧客）」「Competitor（競合）」「Company（自社）」の3Cを常に意識しておく必要があります。

まず商品・サービスには、絶対的な強みと相対的な強みがあります。

絶対的な強みというのは、その製品やサービスについて、何かと比較をしなくてもすぐにその良さがわかる強みです。あるいは、そもそも比較する対象も存在しないというものです。

他方、相対的な強みとは、他商品やサービスと比較できる要素が幾つかある中で見出せる強みのことです。また、その良さも際立っていないので、誰かが伝えないといけません。

たとえばまだ世の中にスマートフォンが無かった時代に登場したアップル社のｉＰｈｏｎｅがそうでしたね。誰が見ても魅力的な製品でしたし、比較すべき対象もありませんでした。これが絶対的な強みです。

この場合は、営業力もマーケティング力も必要ありません。ただ、製品の絶対的な強みだけで売れていきます。

しかしこのような製品はそう頻繁には登場しません。また、その地位を長く保つことも困難です。今では多種多様なスマートフォンが登場し、非常に激しい販売競争を強いられています。

このように世の中にある製品やサービスのほとんどに競合する存在があり、消費者は常にそれらを比較しながら購入することになります。

そして消費者のニーズは多様で、かつ常に変化していきます。

その結果、ある製品やサービスが、単純に顧客の前に展示されても、顧客の触手は伸びません。

そこで営業は、顧客のニーズを読み取り、自社製品が顧客のニーズに対して競合製品よりいかに優れているかということをプレゼンできなければなりません。

つまり1番目のC（市場・顧客）のニーズに合わせて2番目のC（競合）との差別化を訴えることが重要な営業力となります。

▼興味を示されてから自社の説明をする

しかし、新製品や新サービスを顧客にプレゼンする際は、何者がプレゼンしているのかということも重要になってきます。

プレゼンターが大手有名企業の社員であれば、その知名度とブランド力で自分たちが何者かという説明は省けます。極端な話、この会社の製品なら間違いないだろう、と瞬時で認識されることもあります。

反面、ベンチャー企業のような新しくて小さな企業は、まず自分たちがどのような会社でどのようなことができるかを理解していただく必要があります。

これが3番目のC（自社）の重要性です。

弊社では、自社の紹介は30秒ほどしかしません。知名度が低いにもかかわらずです。営業担当者が商談の席で得意げにパンフレットを見せながら延々と社歴や沿革について話している場面を見かけると、的がずれていると感じてしまいます。

顧客にとって重要な関心事は、自分たちの課題がどのように解決できるのかということです。だからこそ貴重な時間を割いているわけです。

まずは顧客の課題をさぐりながら、ソリューションについて説明する。そして相手が自分たちの会社に興味を示してくださったら、そこで初めてより詳しく紹介させていただくのです。

このように、3つのCをよくよく理解できれば、営業力は高まります。

▼商談の空気をコントロールするテクニック

それでは3つのCを理解した上で営業が商談に臨むときに、商談の場の空気をコントロールするテクニックについて紹介しましょう。企業の知名度やブランド力に頼れないベンチャー企業では、このようなテクニックも身に付けられますので、どこでも通用する営業力を獲得できます。

まず、商談に臨む前には、3つのCを意識したプレゼン内容を用意しておくことが必須です。しかし、そのプレゼンをいきなり始めるのは問題です。

まずは、プレゼンの内容を好意的に受け止められるような空気作りが必要なのです。

そこでまず、アイスブレイクと呼ばれる雑談から入ります。この雑談で、顧客が話を聞いてみようか、という心理状態に誘導するのです。

アイスブレイクでは相手が喜ぶような質問から始めて、相手にとってこの商談が心地よいものであるという状況を作ります。たとえば相手のオフィスが入居しているビルの立地条件の良さや、従業員の礼儀正しさ、オフィスの清潔感、ヒット商品の素晴らしさについてなどです。

そして相手が「Yes」と答える質問をいくつか続けて、相手が肯定的な心理状態になる「Yes」モードに誘導します。

たとえば「お忙しい中、このタイミングでお時間をいただいてよろしかったですか？」や「このオフィスは、雨の日でも濡れずに駅から来られるので便利ですよね？」などです。

次に商談モードに誘導するために、相手の興味を惹き付ける導入を行います。特に、顧客にとっては同業者の動向は気になるところです。

たとえば「御社では不動産メインで広告代理業をなさっていますが、お電話で〇〇様がご興味を持っていただいたように、弊社でも不動産会社様などがよく出稿しているような媒体情報をたくさん持っております。その辺りで他社様の事例のお話ができればと思います」などの導入を行います。

そして、このようなステップで商談モードに入っていくわけですが、その間、ペーシングとミラーリングによって信頼関係を構築していきます。

ペーシングとは、相手の話す速度に合わせたり、適度な相づちを打ったりすることです。また、ミラーリングとは、不自然にならない程度に相手の姿勢や仕草をまねることです。相手が身を乗り出したらこちらも身を乗り出し、相手が頷いたらこちらも頷くなどです。

▼ブランド力が無くても実績を作る裏技

ところで商談では、ベンチャー企業にはブランド力や社会的信用を武器にできないという弱点があります。

そこで最も速く相手の興味と信頼を勝ち取る方法は、顧客と同じ業界の企業の実績を示すことです。特にその業界ではトップに位置する企業に対して実績があれば一気に信頼を勝ち取ることができます。

実績といっても、最初は実績が無い状態から始めなければならないので難しいのではないかと思われるかもしれません。

そこでちょっとした裏技を使います。つまり、業界トップの企業に対しては、自社の製品やサービスを無料で提供するのです。つまりモニターになってもらうのですね。

もちろん、この方法を使うためには自社製品やサービスが利用者に満足していただけるだけの品質に仕上がっていなければなりません。

そして無料で使用していただき好評を得ることができれば、それは、業界トップの企業への導入実績として紹介できます。

また、ブランド力や社会的信用が無い状況で尖った製品やサービスを売り込むためには、開発部門や宣伝部門から与えられたパンフレットや資料だけの売り込みでは売れないことが多いものです。

そのようなとき、どうしたら売れるか、業界や顧客のニーズはどこにあるのか、といったことを自分で調査・分析して、顧客ごとに最適化したセールストークが使え、販促資料を作れる営業担当者は販売スキルが高いと言えます。

たとえば保険の営業でも、会社が用意して量産したパンフレットだけを開いて商品説明をする担当者よりも、予め顧客のことを調べて作成した資料を広げて説明する担当者の方が説得力があり、契約する気にさせられるのではないでしょうか。

業界や製品は異なっても同様です。

▼数値目標だけでなく、プロセスを管理する

通常、大企業では営業部員などの管理を数値で管理しています。大所帯の組織が多

いですから、管理者も一人ひとりの行動や働き方まで追跡することは効率が悪いため、はじめに目標値を与えて、その達成度だけを見ているといった状態になりがちです。たとえば今月の目標は各自500万円だから、頑張れ、という具合です。これだけでは何をどう頑張ったら良いのかわかりませんよね。

その結果、なぜその数値目標を達成できなかったのかという原因究明や、達成できないかもしれないというプロセスの途中でアドバイスや援護をすることができません。

しかしベンチャー企業の場合は社員数が少ないですから、管理者や社長はより親身になって社員の働き具合を管理することができます。

たとえば私の会社の場合では、営業部員に対して数値目標による管理も行いますが、プロセス管理も重視しています。

もう少し具体的に説明しましょう。

たとえば営業の管理にはファネル分析を用います。ファネルとは漏斗《じょうご》のことで、契約成立までに、徐々に顧客が絞られていく段階を示します。

つまり、50件のテレアポを行えば8件が訪問でき、8件訪問すればそのうち3件が再訪問できる。そして再訪問した内の2件は案件化でき、そのうち1件が商談

なる、というようにおおよその数値を予想できている状

これを逆に考えれば、今月3件の受注を達成するためには行う必要があるといったことがわかります。このように、目標に対しりプロセスにおける目標が決まってきますので、現在自分が目標に向かっんでいるのかどうかが、容易に把握できるわけです。

▼本当に管理できる人数は8人まで

このプロセスを私もチェックしていますので、途中で予想外の数字が出た場合、すぐに問題が発生していることがわかります。

たとえば初回訪問が8件あったにもかかわらず、再訪問が3件に達していなければ、この営業担当者は初回訪問時に何か技術上の問題を抱えているのかもしれない、あるいはこの頃、何か健康上の理由やプライベートな問題を抱えていたのかもしれないなどと推測できます。

そして、まだ最終的な数値目標の達成率が出る以前に、途中でアドバイスや援助を行うことができるのです。

しかも、プロセス管理は自分でも行えますので、途中の段階で、「再訪問の件数が足りないから前の段階に戻ってテレアポをあと何件追加しよう」といった軌道修正が可能になります。

このようなプロセス管理を自分でできるようになれば、部下を持ったときにも適切な指導を行えますし、管理も行えるようになります。

ちなみに私の持論では、しっかりと管理できる部下の数は8人までだと考えています。ですから、8人を越えたら誰かをリーダーに立てて、その下にまた8人まで管理させます。これを繰り返していけばピラミッドを作っていくような仕組みになります。

8人までがちょうど良いというのは、プロセス管理だけでなく、プライベートなども親身になって見られるという私の経験が根拠ですから、人によっては6人かもしれませんし、10人かもしれません。いずれにしても、親身になって管理しようと思えば、直接管理できる人数は限られてきます。

その代わり、しっかりと管理・教育できますので、部下の質はかなり高くなり、強い組織ができあがります。

▼日々改善から養われるダーウィンの進化論力（環境適応力）

私が米国の大学で学んだ中で特に印象に残っているのが、組織コミュニケーションです。

私たちは米国と言えば、新しいもの好きで革新や変化を好むようなイメージを持っていますが、実はそうでもありません。やはり人間が保守的というところは米国でも同じようだと感じました。

その組織コミュニケーションの学習の中に、リーダーシップの講座がありました。

そこでリーダーの定義とは何かという話があり、**リーダーとは、変化すべきときにそれを促して進めることができる人間**だというくだりがありました。

なるほど、と思ったものです。

ところが、やはりリーダー以外の人間はなかなか変化に対応できません。

そこで私の会社では、２０１７年の目標に、１日１改善を掲げました。１日１改善をノルマにして日々何かしら小さなことでも変化することを繰り返すことで変化に対する耐性ができてくることを期待したのです。

改善自体よりも改善すべき問題を見つけることの方が難しいのですが、人というのは慣れてくるもので、なんとか見つけることができるようになってきます。

ここで大切なことは、自分で主体的に問題を解決していくスキルが身に付くということです。

しかしこれが大企業では、難しくなります。改善よりも日々の仕事をきちんと覚えて間違いなくこなすことの方が大切とされるからです。

また、変化することがなんでも良いとは限りません。中には変えない方が良いこともあります。不易流行ということですね。これを見極めることが難しいところです。

たとえばとらやの羊羹《ようかん》があります。あれはコンセプトは変わりませんし見た目も変わりません。ところが、味は世の中の変化に合わせて微妙に変化させています。

京都の八つ橋も、中身は変えていませんが、パッケージや１箱中の個数を変えるなどによって変化させています。

また、最近出版業界ではやっている販売方法に、太宰治や芥川龍之介などの古い文学作品を、現代のイラストレーターにライトノベル風の表紙をデザインさせてリニューアルする手法があります。これなどは中身を変えずに現代の若い読者層を取り込もうとしているわけで、不易流行の一つと言えるでしょうか。

▼ベターな改善よりもベストな改善を

日々の改善は積み重なれば大きな成果を生み出すことがありますが、前述のように何でも改善すれば良いとも限らないのが悩ましいところです。改善だと思ったら改善になっていないということですね。これは、改善前と改善後を数値化できればその成果がわかります。

私は以前、サイゼリヤの創業者で現在は会長になっている正垣泰彦氏から言われたことがありました。

「ベターな改善はするな」

と。

ちょっと難しいのですが、つまりは無駄な改善はするなということですね。どうせやるならベストな改善を目指せということです。

「これ、ちょっと改善してみたらどうだろう」というベターな改善を行っても、時間と労力を費やしたにもかかわらず効果が無ければ無駄だということです。

ですから「これをやれば絶対に効果がある」と思える改善だけを行えばいい、そのような改善は、必ず数字になって表れるということです。

ただ、あまり最初からベストな改善だけを目指してしまうと、改善することに躊躇《ちゅうちょ》する癖が付いてしまいますので、私としてはやはり失敗を恐れずに改善を試みて欲しいと考えています。その上で、改善前と改善後の数字の変化を確認する習慣を付けていけば、だんだん打率が良くなるでしょう。

▼日々改善は、社会的変化に乗り遅れないための武器である

先ほど、日々改善を行うようにしていると、変化に対する耐性が付くということをお話ししました。

この変化に対する耐性が付くということは重要で、社会的変化に乗り遅れない感性を培うことになります。

たとえば、これまで企業のホームページやECサイトを構築してきた企業は、洗練されたデザインや理解しやすいビジュアルに力を入れて、完成度の高いウェブサイトを作り公開して運営していました。そしてその状態で満足している企業が多いのです。

しかし世の中のネットユーザーはPCユーザーからスマートフォンユーザーにシフトしています。そのことに気付けば、自社サイトもスマートフォンの小さな画面で快適に閲覧できるデザインに変更しなければならないのではないか、あるいは別途スマートフォン用のデザインを用意しなければならないのではないかと思い付きます。

私が以前勤めていた会社がまさにそうでしたが、以前はウェブサイトを構築するためには専門的なスキルが必要でしたので、企業のウェブサイトを受注して制作し、運

営するという事業がビジネスとして成り立っていました。

しかし現在では、WordPressなどのように特別なコーディングの技術が無くても簡単にウェブサイトを構築して運営することができる環境が整ってきました。そのため、ウェブサイトの構築を行っていた会社は、コーディングするだけではなく、マーケティング戦略としての訴求力の高いウェブデザインやアクセスを増やせるSEOを施すなど、よりコンサルティングに重心を移していく必要が生じました。

このように、日々改善すべき点は無いかと意識することが習慣化されると、ある地点で満足して止まってしまうということが無くなります。その結果、常に社会の変化に対応できる柔軟性を保つことができるようになります。

▼商談時の雑談から新サービスのニーズを拾い、新規事業提案する

ベンチャー企業の強みは、一人の人間がビジネスの全工程をハンドリングできるこ

とです。ここでは商談から顧客のニーズを拾い上げるという手法について見てみましょう。

顧客が不満を言うときは聞き逃してはなりません。その不満の中に、ニーズが紛れ込んでいることがあるためです。そしてそのニーズを拾い出して、新製品やサービスを生み出すのです。

この手法は、決して私のオリジナルではありません。他にも同様の方法で顧客のニーズを拾い出している企業はたくさんあります。

顧客から不満を引き出すには、単なる雑談ではだめです。野球の話やゴルフの話をしていても、ニーズは拾えません。あくまでビジネスの話の延長としての雑談に注意するのです。

特に仲の良いフランクな関係の顧客であれば、かなり直接的に「最近、何か不満はありませんか?」「何か不便を感じていることはありませんか?」と聞くこともありますが、多くの顧客には、もう少し遠回しに聞き出します。

相手の話の中に上手く不満を見つけて「それは大変ですね」と共感できれば、相手は「そうなんだよ」とさらに具体的な話をしてくれるでしょう。

ただ注意しなければならないのは、顧客には必要な製品の仕様まで語らせないことです。それを語らせると、その仕様に沿った製品を作らなければならないという縛りが出てくるためです。

しかも、顧客は無責任にあれもこれもと無理矢理アイディアを出し始めることがありますから、そうなると、無駄な機能満載の製品やサービスを提案しなければならなくなります。

こうして顧客の不満の中からニーズを拾い出している内に、複数の顧客に同じニーズがあることが見えてきます。

▼ニーズ収集から販売まで一貫して手がける

それが見えてきた段階で、必要であれば開発担当と相談しながら製品企画書を作成します。最初はかなりラフなもので構わないでしょう。そして数枚の企画書を顧客に見せて、反応を見ます。

そこで、こんな機能があれば使いやすいとか、こんなインターフェイスなら便利だといった改良点を聞き出して、企画書をブラッシュアップします。顧客にわかりやすいように画面遷移図を作成すると、より現実味と具体性が増すので、顧客にもイメージが伝わりやすくなります。

そして、このような製品やサービスがあれば、いくらの金額を払えるかということを確認した上で製品化します。

このように、一人の人間が顧客のニーズを拾い上げるところから製品やサービスの仕様を固めて開発の手配を行い、完成したら販売まで行えるのはベンチャー企業ならではです。そしてこのような**全工程を把握した仕事を行える人材は付加価値が高い**と言えます。

大企業では新製品やサービスのマーケティングや企画、そして開発などは、それぞれ異なる部門が行います。当然、営業が関与することは滅多にありません。

その結果、できあがった製品やサービスに対して営業はそれほど思い入れがありませんから、与えられた製品スペックをやはり与えられたパンフレット通りに説明して顧客に売り込みます。

そこで売れなければ、営業担当者は製品が顧客のニーズに合っていないと企画部門や開発部門に責任を求めますし、企画や開発部門は、営業はこの製品の良さを理解していないし販売力が足りないと非難します。

一方、ベンチャー企業の場合は、たとえ営業部門と企画・開発部門が分かれていたとしても、同じフロアで頻繁に顔を突き合わせて意見交換をしながら製品やサービスの開発を進めますから、お互いに納得できる製品やサービスを作り上げることができます。

企画・開発部門は営業の意見を反映させて売れるものを作ろうと努力しますし、営業もできあがった製品やサービスに対する思い入れや理解が深いですから、より熱意を持って販売活動を行えます。

▼リーンスタートアップという手法

ベンチャー企業は、潤沢な資金を持っている会社ばかりではありません。新規事業やサービスを行うにあたって大きなリスクを負うことはできませんし、大企業のようにはじめから巨額を投資することもなかなかできません。ではどうするか。

そこで多くのベンチャー企業で採用されているのが、「リーンスタートアップ方式」です。これは、シミュレーションの段階で事業やサービスの最適化を行うことで、無駄な費用やリスクを可能な限り発生させないという手法です。

たとえば、顧客の不満や要望といったニーズを拾い出したら、まずA４用紙で３枚程度の企画書を作成します。この企画書を複数の顧客に見せて、本当にニーズがあるかどうかを確認します。その後ニーズがあると確認できれば、実際に具体的な開発に踏み切るわけです。私の会社では前述した「ＤＣＡ」と共に、新規事業を無駄なく小さくスピーディーに始めて、大きく投資する前にビジネスの成否を見極め、必要であれば改善しながら立ち上げるこの手法を取っています。

具体的には、新製品やサービスを立ち上げる場合に以下の４つのステップを踏まなければなりません。

Step1　「不」を集める。

既存の顧客から、「不」つまり「不満」「不平」「不平等」などを集めます。そこに、新しいニーズが隠れている可能性があるためです。

Step2　製品やサービスを考え、企画書や画面遷移図などの資料を作成する。

顧客のニーズに合わせた新製品やサービスをいきなり開発し始めるのではなく、まずは企画書を作成します。

Step3　既存顧客に提案し、企画段階で改良点などを確認する。また、製品やサービスが実現したらいくらで購入されるか調査する。

Step4　顧客調査の結果、ビジネスとして成立すると判断できたら実現する。

これらのステップで重要なことは、製品やサービスを実現するための投資を行う前に、リスクを判断しているということです。

このリスクを回避できる手法を採用することで、ベンチャー企業では入社1年目の社員でも、新規事業を立ち上げることが可能になります。

もっとも、現実的には1年目の社員は、仕事を覚えることで手一杯になりますので、なかなか新規事業の立ち上げには踏み込めませんが、2年目以降になれば必ず挑戦してもらうようにしています。

そして、立ち上げた新規事業が利益を生み始める段階までが「0→1」の段階です。この黒字を出すことができた事業を拡大していく段階で、「1→10」を経験することになります。

このように**頭が柔軟でチャレンジ精神が旺盛な若い内から「0→1」と「1→10」を体験できるのが、ベンチャー企業で働くことの醍醐味**です。

▼ベンチャー企業の会議力

大企業では儀式化した無駄な会議が多いことは誰もが感付いていながら「この会議

会議グランドルール

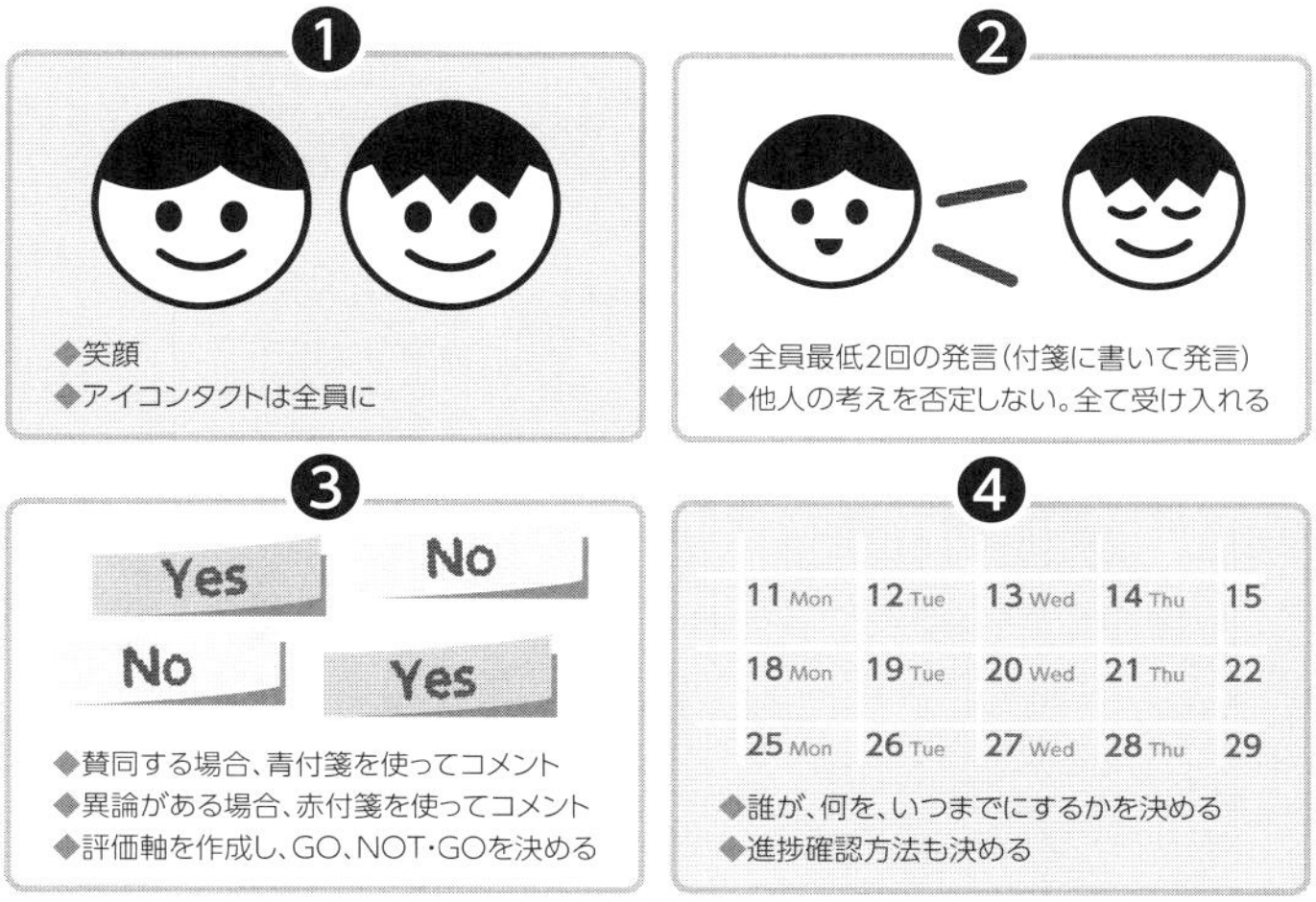
1
◆笑顔
◆アイコンタクトは全員に
2
◆全員最低2回の発言（付箋に書いて発言）
◆他人の考えを否定しない。全て受け入れる
3
Yes
No
No
Yes
◆賛同する場合、青付箋を使ってコメント
◆異論がある場合、赤付箋を使ってコメント
◆評価軸を作成し、GO、NOT・GOを決める
4
11 Mon 12 Tue 13 Wed 14 Thu 15
18 Mon 19 Tue 20 Wed 21 Thu 22
25 Mon 26 Tue 27 Wed 28 Thu 29
◆誰が、何を、いつまでにするかを決める
◆進捗確認方法も決める

必要ですか？」の一言が言えないのが実情です。まして上司や役員、社長が招集した会議であれば、どれほど無駄だと感じてもそれを否定することは難しいでしょう。

その点、ベンチャー企業では、まだ儀式化し形骸化した会議を行う伝統がありませんので、本当に必要な会議でなければ行うことはありませんし、もしも無駄な会議が始められても、「この会議は必要でしょうか？」と言いやすい雰囲気があります。

それでも必要な会議を行うときは、私の会社では「会議グランドルール」という前ページの図のようなルールが明記されたボードを会議室に設置し、常に意識しながら会議を行うようにしています。

▼業務全体から仕組み化する能力

日本のホワイトカラーの職場では、業務を標準化することやマニュアル化することがあまり重視されていません。重視されていないというのは、そのようなスキルを持った人が評価されにくいということです。

米国では業務を効率化してマニュアル化した人は、その結果短時間で仕事を終わらせてさっさと帰っても評価されます。

しかし日本では、残業している人や休日出勤して「頑張っている」ように見える人が評価されやすいですね。業務を効率化してマニュアル化した結果、毎日定時で退社している人は、「仕事の量が不公平なんじゃないか」とか、「あいつばかり楽しているんじゃないか」などと見られがちです。

しかし、これからの社会で必要とされるスキルの一つは、中途半端な専門技術よりも、業務を標準化してマニュアル化するスキルです。

現在行っている業務の内、自分でなくてもできることはどんどん他の人に任せて、自分はより付加価値の高い仕事や新しい仕事にシフトしていかなければなりません。他の人とは、部下かもしれませんし外部協力先かもしれません。

とはいえ、ベンチャー企業では人員が少ない分、一人ひとりの存在の重要性が高いため、どうしても特定の業務を抱えてしまいがちです。これが人員の多い大企業であれば、その人はそのままずっとその仕事を抱えていても問題はありませんが、ベンチャーの場合はもっと活躍して欲しいという期待がかかってきます。

そこで、**ベンチャー企業では、今抱えている業務を標準化し、さらにマニュアル化して他の人に任せ、自分は次のステージに上がっていける人が評価されます。**そのような人材こそ、稼ぐ力のある付加価値が高い人材だからです。これがベンチャー企業で働くことの面白みです。

ところが多くの日本の企業で身に付くのはその企業でしか通用しない独特な業務スキルです。そのため、同じ業界でさえ転職すると、はじめから仕事を覚えなければならないことが多いのです。

また、日本の企業がホワイトカラーの業務を支援するＩＴシステムを導入しても上手くいかないのは、現状の業務の仕方にシステムを合わせようとしてカスタマイズを始めてしまうためです。その結果、こんなに費用がかかるならやめようか、ということにもなりやすいのです。

しかしシステムを導入する効能の一つは、システムに合わせて現在の業務の無駄を洗い出すということです。つまり、習慣で複雑化し、無駄な手続きが増えてしまった現在の業務を、システムを導入する機会に見直すことができるはずなのです。これがすなわち業務の標準化です。

ところがこのようなことが日本の企業は苦手なため、欧米に比較してホワイトカラーの生産性が低いと言われているのです。

▼アウトソースするスキル

学生だけでなく、ビジネスパーソンにおいても身に付けたいと考えられているスキルのトップは英語ですが、私は英語スキルをそれほど重視していません。

ただ、それでは英語は全く勉強する必要が無いかというと、そうではありません。翻訳された英語が、自分の伝えたいことを正しく伝えているかどうかをチェックできる程度の英語力は欲しいところですし、どうすれば英語に翻訳しやすいかといったことを意識して話せたり書けたりするためには、やはり英語の構造を理解している必要はあります。

つまり、必ずしもネイティブ並みに流暢な英語を操れる必要は無いということです。もちろん、英語を自在に使いこなすことができるのであれば、それは間違いなく有利なスキルですが、必須ではありませんし、最重要でもありません。ブロークンで十分です。

このことはＩＴに対する知識についても同様です。プログラミングができなくても、プログラムの仕組みをわかっている方がプログラムをアウトソースする際に的確な指示を出せますし、ＨＴＭＬでコーディングできなくても、インターネットの仕組みやウェブの仕組みをある程度理解していれば、インターネットをビジネスに活かすアイディアが浮かびやすいでしょう。また、最新のウェブサービスの仕組みを理解することも容易になります。

つまり、英語もプログラミングも、的確なアウトソースをできる程度のスキルがあれば十分だということです。

もし、専門的なスキルを極めたいのであれば、一流の専門家を目指すべきです。そうでないと、中途半端な器用貧乏で終わってしまうことでしょう。たとえば社内でちょっと英語ができると英語屋さんとして便利に使われるばかりですし、ちょっとプログラミングのスキルがあれば、ウェブの修正ばかりを任されてしまうような、やはり便利屋さんとして使われてしまうかもしれません。

私たちは、専門分野で一流を目指さないのであれば、一流の人にアウトソースできるスキルを身に付ける方が、時代の変化に柔軟に対応できる人材になれるのです。

そうすれば、たとえ多くの人たちがＡＩに仕事を奪われるような事態になっても、事業運営のスキルを持っている人材は、ＡＩを使う側に立つことができるのです。

▼リスクテイク能力

ベンチャー企業で働くと、リスクに対する対応力が付きますが、実はベンチャー企業に入った時点で、その人はリスクを取っています。なぜなら、就職後のシミュレーションをした上で、ベンチャー企業で働くことが、リスクを上回るメリットがあると踏んだからです。

リスクを取ることは、決して即、身を滅ぼすことではありません。若ければ若いほど、リスクを取れる余裕があるはずです。

それでは若いとは何歳くらいまでのことを言うのでしょうか。

たとえば転職が有利な年齢は、一昔前までは、30歳くらいまでと言われていました。しかしいつのまにか40歳くらいまでは大丈夫だよね、と言われるようになっていきます。

これはやはり健康寿命が著しく延びてきたためで、そろそろ45歳くらいまでは大丈夫だろうと言われるようになると思います。

ただ、45歳になってもリスクを取れる人というのは、20代の内からリスクテイク能

いつまで転職できるか

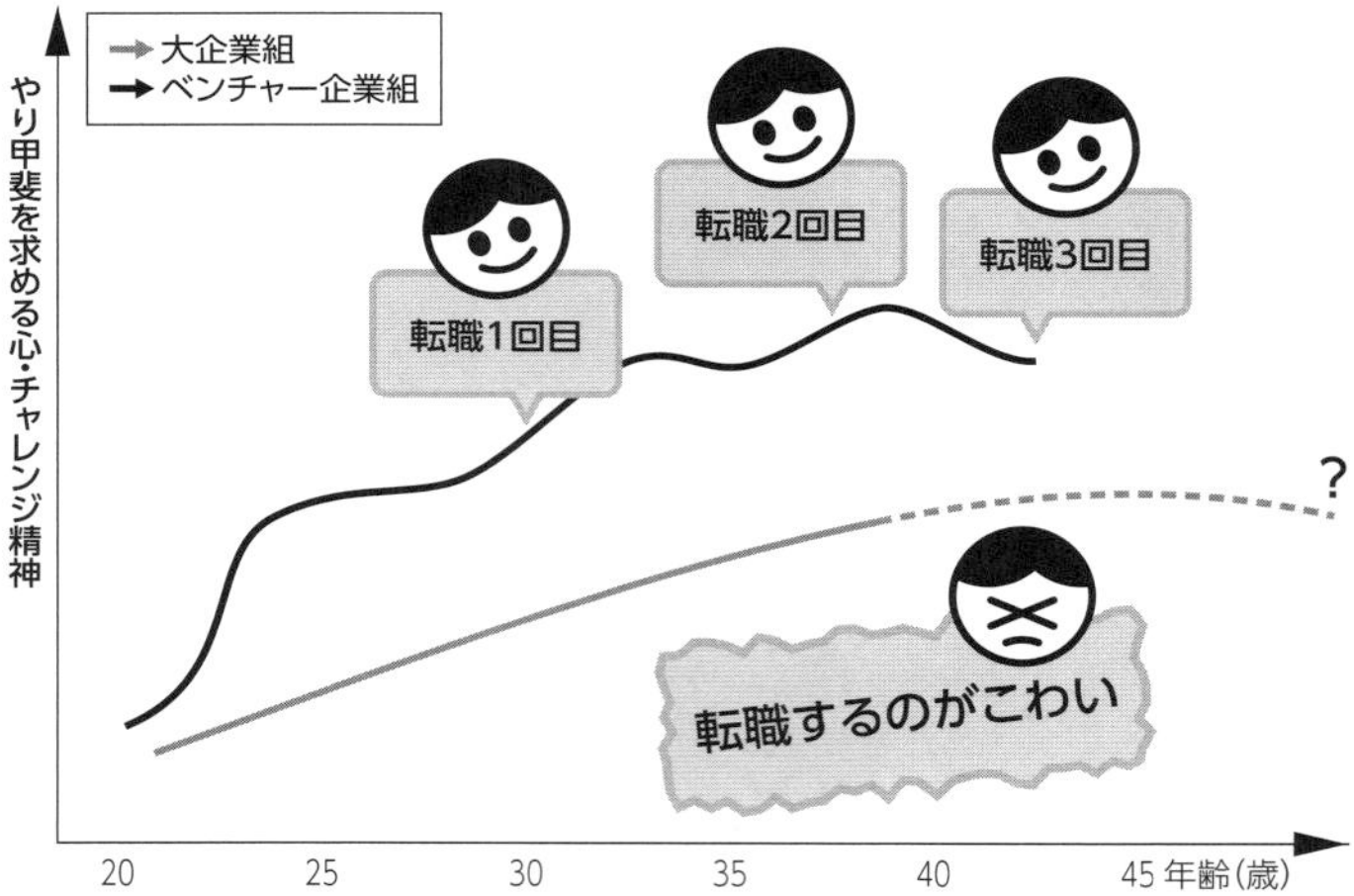

力を鍛えてきた人でしょう。

ですから、大企業で特にリスクを取ることもなく45歳まで勤めてきた人が、リストラや倒産などで急遽転職というリスクを取らなければならなくなったときは、かなり厳しい精神状態に追い込まれると思います。

一方、ベンチャー企業で何度もリスクテイクする機会を乗り越えてきた人であれば、45歳になっても冷静に行動できるはずです。

ところが今の若い人は、22歳の段階で、もう既にリスクは取れないと思っています。初めての就職で失敗したらどうしようと、不安や怖れにばかり目を向けているからです。

しかし私から言わせれば、その慎重さはとても滑稽に思えてしまいます。

22歳で失敗しても、45歳まであと何年あるのでしょう。何度でもやり直しが利くではありませんか。

むしろいくらでもやり直しが利く若い内に積極的にリスクを取っていかなければ、将来何事にも怯えて暮らさなければならない人間になってしまいますよ、と忠告したいくらいです。

また、私は実験主義と呼んでいますが、小さなリスクを取りトライアンドエラーを繰り返していくことにより、様々な経験から多くを学び、リスクとのつきあい方が上手くなってきます。

この選択をすれば、これくらいのリスクがあるな、ということを推測できるようになりますし、リスクを低く抑えるノウハウも蓄積されていきます。

ですから若い内から積極的にリスクとつきあってきた人は、45歳になって転職や起業することになったとしても、不安や恐れを感じる前に、冷静に最も良い選択をすることができるようになっていることでしょう。

また、そのような人材は事業運営スキルが高いですから、多くの企業から求められるに違いありません。

▼強制的な環境が柔軟なリーダーシップ能力を育てる

リーダーシップというものは持って生まれた才能や資質によるものだ、と思われがちです。実際、古くはリーダーとは先天性の資質であると考えられてきました。

しかし、1970年代になると機能的リーダーシップモデルが確立され、**リーダーシップは訓練と経験によって獲得できる後天的なものだ**という考え方に変わりました。

実際、現在では欧米の企業研修やビジネススクールでは、リーダーシップは学べるものだとしてカリキュラムに取り入れられています。

したがって、環境さえあれば、誰もがリーダーシップを育み発揮できるということです。

つまり、リーダーシップを発揮せざるを得ない機会がやたらと巡ってくる環境に身を置けば、皆さんもリーダーシップを発揮することができるのです。

大企業に入れば、若い内にリーダーシップを発揮する機会を得ることは滅多にありません。そのため自分の能力や可能性に気付かないまま歳を重ねていくことになります。

しかしベンチャー企業では、「新・バッターボックス理論」によって、おのずとリーダーシップを発揮せねばならない機会を与えられます。いや、与えられなくとも、自分から作ることも容易です。

▼2番目に踊り出す人

それではリーダーシップとは何かというと、目標を達成するために場を盛り上げる能力だと言えます。

そしてもう一つ重要なのが、リーダーを支える2人目のフォロワーになれることです。

ＴＥＤという米国に本部があるＬＬＣ（Limited Liability Company）があります。皆さんテレビや動画サイトでご存じかもしれませんが、このＴＥＤのカンファレンスでは、様々な分野の人がそれぞれユニークなプレゼンテーションを行います。

その中で以前、デレク・シヴァーズ（Derek Sivers）という人が『社会運動はどうやって起こすか（How to start a movement）』というプレゼンテーションを行い、大変注目されました（https://www.ted.com/talks/derek_sivers_how_to_start_a_movement?language=ja# t-21862）。

そのプレゼンテーションの中で、ある動画が紹介されています。それは、公園で１人の人物が上半身裸で踊っているというものです。

最初は周りの人も、見てはいますが特に行動は起こしません。ところがもう１人の人物が近寄ってきて、その踊っている人物の動きをまねて踊り出すのです。

するとそれを見ていた人たちの中から、３人目、４人目と一緒に踊り出す人が現れて、どんどんその数が増えていくのですね。

シヴァーズ氏は、このようなある種の社会現象が起きるためには、最初に踊っていた人物も重要ですが、実は2番目に参加した人物がとても重要なのだと言います。

そして、最初に踊っていた人物は確かに新しいことを始めたリーダーですが、2番目に踊り出したフォロワーも、実は周りの人々を巻き込んだ重要なリーダーだったのだと言います。

ですから、リーダーシップとは、必ずしもリーダーだけが発揮するものではなく、2番目のフォロワーが持つリーダーシップも重要になります。

ベンチャー企業であれば、この1人目にも、2人目にもすぐになれます。

そうして新しいプロジェクトなどを成功させるという目標に向かって周りを巻き込んでいくのがリーダーシップですが、リーダーシップに必要なのは、闇雲に目標に突き進むことだけではありません。

あ、これはだめだな、と判断して立ち止まる勇気も必要です。

もう、後には引けない、と思い詰めて、ダメージが大きくなってから撤退するのではなく、このままではダメージが大きくなると早めに察知してプロジェクトを中止することもできなければなりません。

ですから、リーダーとは、皆で森の中を進んでいるときに、一人だけ高い木に登っている人だと喩《たと》えられるのです。そこからは、目的地がどの方角にあるのか、その途中でどのような障害が待っているのか、あるいはそもそも目的地にはたどり着けるのか、ということを判断できる能力が求められます。

▼大企業とベンチャー企業のリーダーシップの違い

大企業でもリーダーと呼ばれる立場になれますが大企業とベンチャー企業における、リーダーシップの違いは何でしょうか。

まずは当事者意識の違いがあります。

これは、目標が与えられたものなのか、自ら掲げたものなのかという違いによります。

大企業のリーダーは、もし失敗をしても、企業としてはそれほどダメージがありません。しかしリーダー役を与えられた人は評価が下がるか失脚します。他にいくらでも予備がいるためです。

ところがベンチャー企業では、リーダーが失敗すると、場合によっては会社が傾く可能性があります。そして、失敗したリーダーにはすぐに挽回のチャンスが巡ってきます。

これも「新・バッターボックス理論」によるものです。

実際、私自身が以前に勤めていたベンチャー企業では何度も失敗していますが、その都度新たなチャンスを与えられました。

また、ベンチャー企業のリーダーは、ひとたび目標を達成すれば、会社が大きく躍進するきっかけを作ることになりますから、非常に高く評価されます。

ですから、同じリーダーと呼ばれる立場でも、大企業とベンチャー企業とでは、その重みやり甲斐が全く異なってきます。

第5章

あなたを幸せにする ベンチャー企業の 見つけ方

▼ベンチャー企業とは何か

これまでベンチャー企業という言葉を既知の用語として使ってきましたが、ベンチャー企業の明確な定義はありません。私が考えるベンチャー企業の定義は次の通りです。

・従来の商習慣を変える可能性があるビジネスモデルを展開している。
・これまでに無かった商品やサービスで社会的にインパクトがあるイノベーションを起こしている。
・従業員数が10〜30名である。

創業からの年数や、業界は問いません。

しかし、ベンチャー企業が全て素晴らしい企業とは限りませんし、将来性の有無もまちまちです。また、社風や経営者の哲学も様々です。

これまでベンチャー企業で働くことのメリットを紹介してきましたが、ベンチャー企業であればどこでも良いというわけではありません。やはりそこは、働く人との相性というものもあります。

そこで本章では、ベンチャー企業を選ぶ際には、どのような点に注目すべきかについて見ていきましょう。

▼人を大切にする社風か？

まず、最初に確認しておきたいのは、人を大切にする社風があるかどうかです。

いくら革新的なビジネスを展開して将来性があるように見えても、社員を大切にしていないベンチャー企業はいずれ破綻します。**ベンチャー企業の最も大切な資産は人材**だからです。

いくらベンチャー企業に入っても、自分の能力を存分に発揮できなかったら、やり甲斐を感じることは無理でしょう。

それでは、人を大切にするベンチャー企業かどうかをどのように察知すれば良いのでしょうか。会社説明会だけではなかなかわかりにくいところですし、会社が選んだOBやOGも優等生ですから、彼らの話だけではやはり見抜くことが難しい場合があります。

そこで注目したいのが、下請け業者（私の会社ではこの呼び方はしませんが便宜上使用します）に対する扱い方です。

まず、下請け業者をどのように呼んでいるか。私の会社では「パートナー企業」あるいは「パートナー」と呼んでいます。しかし、「下請け」や「外注」「業者」といった呼び方をしている場合は、社員に対しても見下した扱いをしている可能性があります。

また、会社が選んだ優等生的なOBやOGではなく、自分の大学の先輩に直接話を聞いてみると、本当の社風がわかるかもしれません。

あとは社内見学をしているときに電話や打ち合わせをしている場面に出会ったら、注意深く観察してみると良いでしょう。外部に対してどのような対応をしているかで、人を大切にする社風があるかどうかがわかります。

また、インターンとして内部に入ってみれば、かなり社風を知ることができます。

▼チームマネジメント力はあるか？

近年は、仕事とプライベートをきっちりと分けたいという人が増えているようです。

私は、仕事とプライベートをきっちり分けてメリハリを付けるということ自体は良いことだと思います。

しかし、どうしても仕事で遅くなればプライベートな時間が減ってしまいますし、夢中になれる仕事があれば、プライベートな時間でも仕事のアイディアを思い付いたりします。

逆に、プライベートで悩み事があると、仕事に身が入らなかったり、のっぴきならない私用があれば、会社を休まなければならなかったりするときもあるでしょう。

このように、仕事とプライベートをきっちり分けようと思っても、両者は生活の両輪である以上、どうしても相互に影響を与えてしまうことは避けられません。

ですから、ある社員にプライベートな悩みがあれば相談に乗れる、私用で休まなければならないときはサポートできるというチームの体制が必要になります。このことはまた、仕事とプライベートのバランスが取れずに社員が潰れてしまうといった事態を防ぐことにもなります。

そしてプライベートをサポートすることは結局、生産性を高めることになります。

したがって、ベンチャー企業を評価する際には、そのようなチームマネジメント力がある企業かどうかをできる限り探っておくことが重要です。

たとえばある会社では、チームリーダーは営業が外出先から帰社したときの挨拶の仕方で、仕事かプライベートのどちらかに問題を抱えていることを見抜くと言います。このようなチームリーダーがいるということは、その会社にチームマネジメント力があることを示していると言えるでしょう。

もう一つチームマネジメント力で注意しておくべきことは、チーム内で情報やノウハウを共有できる仕組みを持っているかどうかです。

誰かが仕事を効率化させるスキルを持っていた場合、あるいは改善したノウハウを作り上げたとき、それを他のメンバーにも教える社風があるかどうか。

これは、自分の持っているスキルやノウハウを標準化（マニュアル化）した人が評価される組織かどうかということです。

組織でありがちなのは、自分の評価を高めたいがために、自分のスキルやノウハウを囲い込み、「自分にしかできない」ことを付加価値にしようとする人を、「やっぱり君がいてくれないとだめだね」などと評価してしまうことです。

結局、このように自分のスキルやノウハウを囲い込んでしまうと、いざ私用で休みたいときや早く帰宅したいというときに身動きが取れなくなり、その結果「なんで私ばっかり」といった鬱憤に変わってしまうのです。

私の会社では、自分のスキルやノウハウを、標準化（マニュアル化）してチームで共有できる人を高く評価するようにしています。そのような人は、いつでも他のメンバーからサポートしてもらえますから、いつでも早退したり休んだりできるわけです。

このような評価基準があるかどうかについても、確認する必要があります。

▼コミュニケーションが取りやすい社風か？

前述のチームマネジメントにも関係しますが、やはりベンチャー企業の場合は少人数で革新的な仕事をしていくことを目指していますから、チーム内の協力関係は重要になってきます。

したがって、ベンチャー企業を選ぶ際には、そのためのコミュニケーションが円滑に取れている会社かどうかを見極める必要があります。

実はこれを見抜くのは割と簡単です。

「従業員の皆さんは、どのくらいの頻度で飲み会とか行かれているのですか?」

この質問から、いろいろと面白い話を引き出せるはずです。

また、マネージャーがどのように部下を管理しているかということも確認しておきましょう。

たとえば営業であれば、単純に数値目標の達成率だけを管理しているのか、あるいはプロセス管理をしているのかということです。

数値目標の達成率だけを管理している場合は、評価も単純に達成率だけになってしまいますから、その社員がどのような努力をしているのか、どのような問題に直面しているのかといったことがあまり重視されなくなります。

一方、プロセス管理をしている場合は、数値目標の達成率が低くても、プロセスが順調であるということがわかれば評価できます。

また、プロセス管理をしていれば、順調にいっていない場合にどの工程に問題を抱えているのかということを把握できますので、適切なアドバイスを行ったり、相談に乗ったりすることが容易になります。

その結果、上司と部下が一丸となって問題解決に当たることができるのです。また、適切なタイミングでマネージャーが他のメンバーにサポートを要請することも可能になります。

そしてもう一つ注意すべき点は、「ナナメの人間関係」です。

面白いもので、深刻な問題を抱えているときほど、人は直属の上司に相談できないことが多くあります。たとえば会社を辞めるかどうかといった悩みですね。

そのようなとき、他のチームの先輩や上司ですと、相談しやすいということもあるのです。このような関係は「ナナメの人間関係」と呼ばれます。

相談された側も、自分のチーム以外の人間から相談されたことに関しては利害関係も薄くかなり客観的に見ることができますので、相談に乗りやすいのです。

▼3年目の在籍率は？　連続利益が出ているか？

ベンチャー企業の善し悪しを判断するために、在籍率と連続した利益が出ているかどうかの確認をする方法もあります。

たとえば会社が設立されて3年目であれば、3年以上在籍しているメンバーが何割いるか、ということを確認してみてください。

ベンチャー企業は人の出入りが激しい傾向がありますが、それでも5割を下回るようであれば、注意した方がいいでしょう。待遇が悪いのかもしれませんし、労働環境が悪いのかもしれません。あるいは、トップの人格に問題があるのかもしれませんし、企業としての将来性が感じられないのかもしれません。

合わせて3年連続で利益が出ているかどうかも確認したいところです。

これは数字で明確にわかることですので、単刀直入に尋ねてみれば良いでしょう。

ただ、仮に赤字になっているとしても、納得できるリカバリープランが説明された場合は、必ずしも危ない会社であるとは限りません。

面接担当者あるいは経営者が正直に、現在がボトムであり、これから黒字に転換していくということを、説得力を持って説明できれば、その会社はまだ検討の余地があります。

▼役職のうち、学歴が関係無い人がどれくらい占めているか？

固定観念や偏見を打ち破るべき立場のベンチャー企業でありながら、学歴重視というところもあります。

これは会社説明会や面接で直接質問してみると面白いでしょう。

「どういった学歴の方々が役職に就かれているのですか？」

この質問に対して、明確に答えてくれない場合は、要注意です。

また、正直に、「当社では○○大学卒の人たちが幹部を占めていますね」といった答えの場合、自分がその大学でないのならやはり要注意です。

一方、「いやぁ、うちはいろんな大学の出身者が幹部になっているよ」や、「そう言えば○○部の部長は、（三流と言われる）○○大学卒業だったなぁ」といった答えが返ってくれば、そのベンチャー企業には誰もが活躍できる場が用意されていると考えて良いでしょう。

ただし、コンサルティング系のベンチャー企業は、どうしても学歴が重視されます。これは例外と考えておけば良いでしょう。

▼その企業が狙っている市場はブルーオーシャンか？

ベンチャー企業で活躍したいと考えている人は、そのベンチャー企業の将来性を計るために、その企業が狙っている市場がブルーオーシャンであるかどうかに注目してみましょう。

ブルーオーシャンとは、競争者がいないか非常に少ない市場を指します。このような市場では、価格競争が無いため、付加価値の高い商品やサービスを高い利益率で提供できます。そのため企業は成長しやすい状態にあります。

一方、対で用いられるレッドオーシャンとは、既に競合がひしめき合っている市場で、激しい品質競争や低価格競争に巻き込まれるため企業が利益を上げることが困難となり、成長が見込めない状態を指します。

そのため、ブルーオーシャンである市場を目指している企業であれば、今はどれほど小さくても、急成長して大化けする可能性があります。

とはいえ、会社説明会や面接では、どの会社も自社をアピールするために「当社はブルーオーシャンを目指しています」と語るでしょう。

そこで、その言葉が本当かどうかを見抜かなければなりません。

就活関係の情報誌などでは、バイオ業界が期待できるなどと、おおざっぱな市場予測しかしていません。

そこで注目すべきは、その企業の競合はどこか、ということです。

「競合はどこですか？」

との質問に、何社も名前が出てくるようでは既にブルーオーシャンではありません。

「いや、うちは競合っていないんですよね」との回答であれば、ブルーオーシャンである可能性がぐんと高まります。

また、ビジネスモデルの説明を聞いて、簡単に理解できる、あるいは「ああ、あの会社と同じか」と思えた場合も、既にブルーオーシャンではありません。

逆に、「今ひとつどんなビジネスなのかわからないなぁ」という場合は、まだ世の中では知られていない新しいビジネスモデルが誕生している可能性がありますので、ブルーオーシャンである可能性も高くなります。

実際、私の会社のビジネスモデルもまだ競合が存在していないため、なかなか理解してもらうことが難しく、そのために学生さんたちにはインターンで社員と共に行動してもらうことで、サービスのユニークさをわかってもらっています。

▼あなたの方向性とその企業の方向性は一致しているか？

ベンチャー企業を選ぶとき、自分が社会人として目指す方向性と、そのベンチャー企業が目指している方向性が一致していることが大切です。

しかし、そもそもまだ社会経験も無い段階で、自分の方向性など明確にわかっている人は少数派だと思います。

そこで、ここでは、自分の方向性とベンチャー企業の方向性が一致しているかどうかを確認するための参考として、５つの質問を用意しました。

これらの質問に答えることで、ご自身の方向性を改めて確認してみてください。

【Q1】会社の社風と自分の求めている社風が合っているか?

会社が掲げている企業理念や行動指針をチェックしましょう。また、その理念や行動指針を社員に浸透させるためにどのようなことを行っているかも確認してください。

そして、行動指針とは明らかに異なる行動をしている社員に対しては、どのように対処しているのかもわかればなお良いです。

最近では、理念と行動指針をいつでも確認できるように名刺サイズに折りたたまれたカードや冊子型の印刷物を社員に携帯させている企業も増えてきています。朝礼ではサイコロを転がして出た番号に対応する行動指針をテーマに、社員に簡単なスピーチをさせるといったことも行われています。このような活動について尋ねてみましょう。

【Q2】自分のやってみたい仕事内容と会社でできそうな仕事内容はマッチしているか？

ここで注意していただきたいのは、「仕事＝会社」ではなく、また、「仕事＝商材、サービス」でもないということです。現代社会では環境の変化が速いため、あまり特定の商材やサービスを考えると、自分のやってみたい仕事が見つかりにくくなります。ですから、もっと大まかに、普段自分が夢中になっていることは何かということを振り返ってみます。時間を忘れてしまうほど没頭できることや、それについて話し始めると止まらないことなどです。

ちなみに私は以前、戦略コンサルティングの仕事に憧れていましたが、受けた会社はことごとく落ちました。しかし、その結果ベンチャー企業で働くようになったことで、新しいビジネスで起業するということが自分にとって面白くやり甲斐のある仕事だと気付いたのです。

【Q3】仕事において若い頃から裁量が欲しいか、そのためには自主的な勉強も含めて成長のためにコミットできるか？

自由と責任は表裏一体です。若いときから裁量が欲しいということは、結果を出していく必要があります。また、与えられた仕事だけでなく、自主的に仕事を作っていかなければなりません。そのためには、「労働時間＝給料」ではなく、「自分が創造した付加価値＝給料」という考え方への転換が必要です。

また、仕事を与えられて働かされている側で良いのか、自ら仕事を創造してリーダーシップを発揮したいのか、ということも考えておくと良いでしょう。自分にとってやり甲斐があるのはどちらかということですね。

【Q4】主体的に自分の意見を言える仕事環境か？

会社の経営戦略や商材やサービスの改善・提案など、自分の創造力や感性、戦略的思考を積極的に試してみたいという人にとっては、十分な活躍の場を提供してくれるベンチャー企業を見つけ出すことが重要です。そうすれば単なる会社への不満ではなく、経営者視点で物事を考えられるようになるでしょう。前例主義や上司の面子にこだわるような職場ではないか、注意しましょう。

【Q5】会社の最終的なゴールと自分の目指したいことが一致しているか？

会社のゴールには、社会貢献、社員の物心の両方の充足、個人の年収を追求、起業家を育成することなど、様々な形があります。会社の掲げているゴールが、自分のゴールと一致しているかどうかを確認しましょう。

ゴールさえ一致していれば、途中の紆余曲折や迷いはなんとか乗り切れるものです。逆にゴールが一致していなければ、何をしても今ひとつ達成感が得られないでしょう。ところで若い内に決めたゴールが不変であるとは限りません。自分の成長と共にゴールが変わっていっても当然です。ゴールが変わったらそのときにまた考えれば良いのです。

ベンチャー企業で身に付けたスキルは、転職したときや起業したときに、必ず役立つはずです。

▼失敗に対する寛容さはあるか？

せっかく社員にチャレンジ精神があっても、大企業のような減点主義で評価しているベンチャー企業ではすぐに失望してしまうでしょう。

そこでベンチャー企業を選ぶ際は、失敗に対する寛容度を確認しておきましょう。失敗に対する寛容度を知るには、まず部長や役員の人たちが、どんな部署出身か聞いてみることです。

このとき、部長や役員たちが様々な部署の出身であれば良いのですが、「みんな管理部出身だよ」というような答えなら、注意すべきです。

なぜなら、失敗が多い営業部や企画部門から出世した人がいないということは、失敗に対する寛容度が低い可能性が高いためです。

また、ダイレクトな質問をしても良いでしょう。たとえば「仕事で失敗したらどうなりますか？　出世に響きますか？」とか「敗者復活戦みたいなことはありますか？」といったことです。

直接的には聞きにくいと思われるかもしれませんが、このような質問に対して不快そうな表情を示すような会社であれば、注意した方が良いでしょう。

逆に「面白い質問をする学生さんだね」と興味を持って、社長や役員たちの失敗談や武勇伝を語ってくれたら、その会社は失敗に対する寛容度が高いと言えます。

▼その企業はあなたの個人的な夢について興味があるか？

普通の企業では、会社側が社員の個人的な夢に興味を持つことはありません。せいぜい、幹部を目指している人材かどうかといった程度でしょう。

しかし私は、社員個人の夢に興味を持っている社長や上司がいる会社は、社員を応援してくれる会社であると思います。

個人の夢というのは様々です。戸建て住宅を建てたいとか、海外にビジネスを広げたい。あるいは将来自分のクルーザーを持って海原に出るために一級小型船舶操縦士の資格を取りたいといった夢を持っている人もいるかもしれません。

そのような個人の夢が、直接仕事に関係があるか無いかは関係ありません。要は単なる作業要員として見ているのか、一人の人格ある人間として愛情を持って見てくれているのかということが、社員の個人的な夢への興味の持ち方でわかるのです。

そしてそのような夢に興味を持ってくれる社長や上司の方が、社員一人ひとりを一人の人間として応援してくれます。

その結果、社員も様々な助言や援助を得て頑張れますし、仕事にやり甲斐を感じやすくなるはずです。

ですから、個人の夢に興味を持っている態度を示してくれる社長や上司がいる企業を選んだ方が良いでしょう。

▼社外で通用するスキルが身に付けられるか？

ベンチャー企業は革新的なビジネスに挑むため、ブルーオーシャンで急成長する可能性がある半面、市場に受け入れられずに撤退する可能性もあります。つまり、倒産ですね。

しかし、ベンチャー企業で働くからには、いざというときにどこに行っても通用する人材になることを目指すべきです。

私の会社で全社員が携帯している「ビスタ（be★star）カード」と名付けた理念と行動指針を記載したカードには、「将来にわたって、社会に必要とされるスキルを身に付け、自立すること」と書かれています。

これは必ずしも全員起業して独立しろと言っているわけではありません。しかし、万が一会社が倒産したときに、どこに行っても通用するスキルを身に付けておきなさいと呼びかけているわけです。

大企業では、細分化された業務への最適化がスキルとなりますから、そのスキルはその会社特有のスキルとなります。つまり、他では通用しないスキルです。

しかし業務範囲が広いベンチャー企業では、仕事全体を俯瞰できる事業運営スキルを身に付けることが可能になります。

このように、社外で通用するスキルを身に付けられる企業かどうかを確認する必要があります。

▼そのスキルに対して名前を付けられるか？

社員が仕事を効率化する方法を見つけたとき、それを正しく評価できる会社かどうかを確認しましょう。

たとえば私の会社の場合は、仕事を効率化する方法を標準化して、ノウハウとしてチーム内で共有できるようにした人に対しては当然評価しますが、その証として、そのノウハウに提唱者の名前を付けるようにしています。

たとえば「清水式○○術」といった具合です。

最近も、ある社員のテレアポが非常に成功率が高いということで、そのノウハウを標準化して「○○式テレアポ術」としてチームで共有しました。

当然、このノウハウの提唱者の評価は上がりました。

このように、社員がチームの生産性に貢献したときに、きちんと評価する仕組みを持っているかどうかを確認すると良いでしょう。

第6章

ベンチャー企業に向いている人、向いていない人

▼ベンチャー企業が採用時に重視している3つの基本

ここからは逆の視点で、ベンチャー企業が人材を採用する際に、どのような点に注目しているかについて見ていきましょう。これがベンチャー企業に向いているかどうかを見極める最初のステップになります。

1. 明るい笑顔

コミュニケーションの基本は笑顔です。あなたは明るい笑顔で人と接することができていますか？

面接では、最初は緊張して顔がこわばっている人もいます。それでも徐々に打ち解けていく内に、本来の笑顔が見えてくればＯＫです。

2. 健康的であること

毎日元気に働くには、健康でなければいけません。

健康状態も見た目である程度判断できますが、他にもスポーツをやっているとか、滅多に風邪を引かないなどの答えから見当が付きます。

3. バランス感覚

抽象的な表現になってしまいますが、人としてのバランスに注目します。

バランスとは、極端に偏った思想や偏見を持っていないこと、社会人としての一般的な常識を持っていること、そして協調性を持っていることです。特に協調性が無ければ、チームワークを保つことが困難になってしまいます。

このバランス感覚は、面接時に部屋に入ってきて着席するまでの挙動や、面接中の言葉遣い、そして受け答えの内容からおおよそわかります。

以上の3つの点に注目するということは、ベンチャー企業に限らず大企業でも同様ですが、少人数で一丸とならねばならないベンチャー企業にとっては、特に重視するところです。しかもこれらの3つは面接会場に入ってきたところから席に着くまでの数秒間でだいたい判断できますから、その数秒で「あ、だめだなこの人」と心の中で不採用ボタンを押してしまいたくなることもあります。

それでもまだその人には魅力的な部分があるかもしれませんから、私は1時間は面接します。これが大企業の場合だと数をこなす必要がありますから、5名くらいのグループ面談で30分くらいでしょう。ですから大企業では面接の効率を上げるためにも履歴書やエントリーシートに記載された学歴や書面上のスペックが重視されるわけです。

▼1年間コピー取りだけをやれと言われたらどうする？

私は入社希望者の価値観を評価するために、ちょっと意地悪な質問をすることにしています。

まず、内定が欲しい会社を数社挙げてもらいます。その中に大企業が含まれていれば、次のように質問します。

「もし、大手の○○社に採用されて、同期で入社した他の人たちが様々な部署に配属されたときに、あなただけ特別に1年間コピー取りだけをやって欲しい、と言われたらどうしますか？」

あなたならどう答えますか？

普通の人は、「上申します」とか「納得できる理由を聞きます」と答えます。まだ社会経験が無いので仕方ないのかもしれませんが、大手企業でそのようなことが言えるわけがありません。

そして次に多いのが、「そのような単純作業であれば辞めます」という答えです。

これもまた、考えが浅いと評価します。

そこで注目すべき答えをする人が出てきます。「コピーを如何に速く正確に取れるか工夫して生産性を上げます」という答えです。

すると私も俄然その人に興味を持ちますから、会話が広がります。

コピーも大切な仕事だよね、役員会の資料で乱丁でもあったら大問題だよね、また、原稿の方に抜けがあればそれも問題だよね、だから、仕事が速いにもかかわらず原稿やコピーの不具合を指摘できるほどの品質管理をしてみせれば、評価が上がるよね、などと話が広がるのです。また、文字原稿か写真原稿かでコピーのモードを最適化する工夫も必要です。

しかも、コピーの仕上がりをチェックする際に内容にまで目を通せば、様々な情報に精通して、ひょんなことでその知識を活かせる機会を捉えることができるかもしれないね、などと話します。

こうして、応募者の価値観、すなわちどんな仕事にも工夫やチャンスを見いだす素質を垣間見ることができるのです。

このような人材はベンチャー企業としては欲しい人材になりますが、おそらくこのような人材であれば、大企業に入社しても、たくさんのことを学んでステップアップできるのかもしれません。

あなたはどのような答えを思い浮かべましたか？

▼一つのことに夢中になれるか

私は採用する人を選ぶとき、これまでに何か一つでもいいので、深掘りした経験があるかどうかに注目します。

これは、探究心の強さを評価するためです。

何か一つとは、スポーツでもいいですし、趣味でも構いません。あるいは勉学に励んだということでもいいですね。一つのことを何年も深掘りしてきた人は、仕事でも深掘りできる人だと思います。

ですからスポーツでも一つの種目で4年間頑張って、これこれこういう大会に出て上位を目指していました、という人は評価します。

また、演劇部の活動にのめり込んで、勉強以上に熱中して年に数回の舞台をこなしていました、というような人にも惹かれます。

他にも、サッカーについて話し始めると止まらないといった人も面白いですね。

特に一つのことに没頭したわけではなく、そこそこ器用で要領が良いという人は、大企業の方が向いているかもしれません。

あなたはこれまでに、何か一つのことを追求したことがありますか?

▼挫折を経験しているか

私は面接で必ず質問することがあります。

「これまでの人生で、何か挫折をしたことはありますか？」

しかも、２次面接でもインターンでも会うたびに何度も聞きます。答えに矛盾があれば嘘を見抜けるからです。

そして本当に挫折を経験している人は、評価します。

やはり挫折を経験して立ち直ったという経験をしていない人は、仕事上でもひ弱です。ちょっとした躓《つまず》きが原因で、そのまま辞めてしまう人が多いのです。

おつきあいのある広告会社での話ですが、その会社で25歳の元プロ野球選手を採用しました。

元プロ野球選手と言っても野球ではあまり活躍できなかったそうです。それで野球を辞めてその会社に入社したということです。

その人は野球ばかりやってきた人なので、あまり仕事はできなかったようですが、1ヵ月ほど経ったある日、出社しなくなりました。連絡もありません。

それで先輩社員が事故でもあったのではないかと心配して自宅を訪ねると、引きこもっていたのだそうです。

それでどうしたんだ、と尋ねたら、「辞めます」と。

会社の人たちは皆驚いたそうです。野球選手ですから学生時代も野球部ですし、心身共に鍛えられてきた人なのではないかと思っていたためです。

ところが彼は順調に野球選手になっていたので、これまで挫折らしい挫折を経験していませんでした。

それで、少しばかり仕事ができないからと心が折れてしまったのです。

このようにスポーツで鍛えてきました、という人でも、挫折経験が無い人は、割と簡単なことで折れてしまいます。特に才能が豊かだった人ほど、これといった努力や挫折からの立ち直りを経験していませんから弱いのですね。

ですから私は、才能よりも挫折経験の有無を重視しているのです。

あなたは挫折したことがありますか？

▼目標に対して日々何をしているのか

知り合いに人材会社の採用責任者がいます。これまで何百人と採用してきた採用のプロです。その彼と以前話をしたときに、学生さんはよく、「私は将来こんなふうになりたいです」と言うわけですが、採用のプロである彼は、将来の話より過去に何をしてきたかということを重視しているそうです。

つまり、過去に何か目標を達成するために行動したことがあるかどうかということです。

過去に、何かの目標に向かって行動してきた実績がある人、あるいは今もその目標に向かって具体的に何かを実行してきている人は、これからも新たな目標に向かって日々の努力を積み重ねていくことができるだろうと考えるためです。

しかし、過去にそのような実績が無いにもかかわらず、将来を語っている人に対しては、それではその目標のために今何をしていますか、と問いかけると何もしていないことがほとんどだと言います。

そのような人は、おそらくこれからも何もしないだろうと判断されます。

私が行う採用面接でも、学生さんには「将来の目標は何ですか？」と尋ねます。すると多くの学生さんが「海外旅行です」と答えるので驚きます。私が聞きたいのは、レジャーの予定ではありません。

申しわけないのですが、この段階で不採用決定です。

それでも一応質問を続けます。それでは学生時代、学業以外では何をしていましたか、と。

この質問に対して、ほとんどの学生さんがサークル活動をしていたと答えます。それではそのサークルで何を目標にしていましたか、と尋ねると、漫然と楽しんでいたという人が多いですね。

しかし中には、大会出場や記録の更新を目指して頑張っていたという人がいます。そのために日々努力していたわけですから評価します。

あるいは文系サークルだったのでスポーツ系サークルのような目標は無かったとしても、イベントの企画やプロデュースに熱中していましたというような人には注目します。

また、先ほどの海外に行くという目標でも、旅行ではなく、何か興味深い目的を持っている人は評価します。

以前、面接した学生さんで、中国に留学していたという人がいました。なぜ中国に留学したのですか、と尋ねると、尖閣諸島の問題辺りから日本のマスコミが報道している中国は本当の姿なのだろうか、と疑問に思ったため、それを確かめに行ったと言うのです。

このような学生さんはとても欲しい人材となります。

あなたは目標達成のために何をしていますか？

▼企業理念に共感できるか

社員の仕事が細分化されて標準化（マニュアル化）され、イレギュラーな事態が生じにくい大企業とは異なり、ベンチャー企業においては社員一人ひとりの判断の重みが大変なものです。そのため、採用においては企業の掲げている理念や行動指針に共感できることが重要な条件となります。

以前私が勤めていた会社では、数字で結果を出せればＯＫだよね、という社風がありました。ところがあるとき、中途で入社した社員から、「この会社の社員は挨拶もできない」というようなことを言われたのです。

その当時、クレド経営というものがはやっていました。クレドとは、ラテン語で「志」「信条」「約束」を意味します。このクレド経営の見本がリッツ・カールトンだと言われていました。

クレド経営の特徴は、企業の理念や行動指針が社員に浸透していることで、上司からの指示が無くても社員が自分で考えて判断し、適切に行動できるということです。リッツ・カールトンでは従業員が携帯できるクレドカードというものを作っていましたので、それに触発されて私の会社でも、理念と行動指針を印刷したカードを作成しました。それがビスタ（be★star）カードという名刺サイズに折りたたまれた印刷物です。

つまり、この理念と行動指針に共感している人材であれば、将来自分で考えて判断しても、企業理念や行動指針に適った行動を取れる社員になることが期待できるのです。つまり意思決定が速くなるわけです。

あなたは就職したいと考えているベンチャー企業の理念に、共感できていますか？

▼チームプレイができそうか

大企業では、各社員は会社側が用意した細分化された業務を遂行すれば良いので、社員は特にチームの一員であるということを意識しなくても、組織の歯車として機能します。

一方、ベンチャー企業では各社員が担う業務範囲が広いため、ややもすると個人プレイに走りやすくなります。

しかし少人数のベンチャー企業こそ、協力し合う精神が必要とされますので、チームプレイができそうな人材かどうかが、重要な資質になります。

そのために、学生時代のサークル活動などで、皆で協力して成し遂げたことなどについて質問します。

あなたはチームプレイができますか？

▼常に成長し続ける意欲があるか

受験勉強が、一度合格すれば良いという目的のために行われるためか、学生さんの中には、スキルも一度身に付ければOKだと思っている人が多いです。

しかしスキルというものは常に陳腐化していきます。世の中のニーズやテクノロジーの進歩など、社会環境がどんどん変化していく中で、陳腐化しないスキルは少なくなっていると言えます。

ですから、スキルは常に磨き続けなければなりませんし、新しいスキルに対しても貪欲でなければなりません。

そのためにも、インプットのためのインプットではなくアウトプットするためのインプットを心がける必要があります。

英語の勉強を例に取りますと、ただひたすらインプットし続けていても、モチベーションが続きませんし、英語力もなかなか上がりません。しかし、仕事上で外国人との折衝が必要になったり、海外出張をしたりするなど、アウトプットの必要性が高まると、俄然インプットにも力が入ります。

つまり、スキルを高めるためのインプットは、アウトプットを前提にしなければ集中力が高まらないということです。

たとえば弊社ではスキルアップのために書籍の購入を支援していますが、ただ読んで終わりではなく、実践し、上手くいったらそのスキルやノウハウをチームで共有するようにと言っています。

同様にセミナーや研修への参加も支援しますが、やはりアウトプットすることを前提に参加するように言っています。

ところが最近の若い人たちは、アウトプットを想定したインプットをあまり実践していないようです。

たとえば私たちが若い頃は、日本経済新聞を読むなどして、社会人が常識としてアウトプットできるためのインプットを常に心がけていました。顧客や協力先など、日々社会人を相手にしているわけですから、いつでもアウトプットできる知識をインプットしていたわけです。

しかし最近の若い人はインプットというよりは暇な時間の消費のためにネット上のニュースをちらっと眺める程度ではないでしょうか。

ですから、ちょっと頑張ってアウトプットのためのインプットを心がけるだけで、かなり周りに差を付けられると思います。

あなたは常に成長し続ける意欲がありますか？

▼今日を大切に生きているか

いつかこれをやりたい、将来はこんなことをしてみたい、と語る若者は多くいます。

そこで私は、「それではその将来のために、既に始めていることはありますか？」と尋ねますが、多くの人は口ごもります。

しかし、その「いつか」や「将来」とは、今日、何をしていたかで決まってきます。

このことは、実は若いときにはなかなか実感できないことです。

つまり、今日、既にその「いつか」や「将来」に向けて動き出していなければ、3年後も5年後も何も変わっていませんし、何も起きてはいませんよ、ということです。

特に、「時間ができたらやろうと思っています」や「お金が貯まったら始めようかと考えています」と言う人はだめですね。こういう人たちは、数年後も同じことを言っています。

ですから、本書を読んでいる人は、3年後にやろう、5年後にやろうというのではなくて、本書を読み終えたらすぐに始めてください。

いきなり目標を達成するということではありません。3年後、5年後に始めようと思っていることの準備を、今から始めて欲しいのです。

今、皆さんは本書を読まれているわけですが、本を読んでも何も行動しない人がほとんどです。ある人の話では、高額のセミナーに参加しても、そこで得たノウハウを実践する人は10％以下だと言います。

確かに、本を読んだりセミナーに参加したりした人が皆実践していたら、世の中成功者だらけになっていますよね。

たとえば、書店に行けば相変わらずダイエット本がたくさん並んでいますが、これらの本を読んで実際に実践している人が多ければ、世の中から肥満は無くなるかもしれません。

しかし実際にはほとんどの人が実践しませんから、次から次へと新しいメソッドのダイエット本が売れるわけです。

英語も同じですね。様々な教材が出回っていますが、実践できている人が少ないから、新しい教材が売れ続けるのです。

ですから、皆さんが「いつか」始めようとしていることがあるのでしたら、せめてその準備だけでも、今から始めてください。

▼濃い人間関係の中で何かをした経験はあるか

私は学生さんたちに、「濃い人間関係の中で、何かをした経験はありますか？」と尋ねます。

濃い人間関係とは、たとえば部活動での人間関係です。毎日のように会って、一緒に行動しているといった人間関係です。

あるいは友人同士で誰かの部屋に集まって、夜通し語り続けられるような仲間です。

また、寮生活をしてきたような人であれば、そこでの人間関係も濃いと言えるでしょう。時には考えの違いから激論を闘わすことがあっても、何かあれば助け合える仲間ですね。

近年は、人間関係が薄くなっている、あるいは狭くなっていて、人と深い触れ合いを持つことなく大人になった若者たちが増えています。

SNSを使うことがあたりまえの若者たちは、なんとなく友人がたくさんいるような錯覚に陥りがちですが、実際に前述のような濃い関係にある友人は少ないと思います。

社会人になると、なかなか濃い人間関係というものは増やせません。むしろ減っていきます。

たとえば、夜中の1時頃に電話しても「どうした?」と普通に会話ができるような人間関係を築くのは難しいのです。

しかし一度でも濃い人間関係の中で何かをした経験がある人は、社会に出てからも、何か共通の目的に向かってチームとして行動しなければならないとき、良好な人間関係を構築することができます。

人とじっくりと深く関われる時間があるということもまた、若者の特権だと思います。ぜひ、濃密な人間関係を築く努力をしてみてください。

▼ファミリーとしての意識を持ち、一緒に何かを成し遂げようと思えるか

近年の若い人は、仕事とプライベートはきっちり分けたいという人が増える傾向にあるようです。

しかし私は、仕事とプライベートをきっちり分けたいという考え方に固執しない方が良いと思います。

別にプライベートな時間を犠牲にしてまで働くことを要請するとか、定時になっても退社しにくい雰囲気が良いということではありません。

ただ、仕事とプライベートの使い分けに柔軟になって欲しいと考えているのです。

たとえば、今後は共働き夫婦が増えてくると思いますが、子どもの具合が悪くなって、どうしても会社を早退したり休んだりしなければならないときが出てきます。

そのようなとき、他の社員が皆、就業時間外はプライベートな時間なので、と言ってサポートしてくれなかったのでは、チームとして仕事を遂行することが困難になります。あまり仕事とプライベートをきっちり分けようとすると、チームとして助け合うことが難しくなってきます。

また、仕事にはここが頑張りどころだという時期があり、この3日間は残業しなければどうしても間に合わない、という事態も発生します。

そのようなときに、今は頑張りどころだからプライベートな時間は多少犠牲にしてでも踏ん張ろう、と思える柔軟さが必要だと思います。

代わりに来週は余裕があるから休みを取って、今週行けなかった釣りに行こう、と考えられれば良いのです。

このように社員の一人ひとりが仕事とプライベートを柔軟に融通させることができる社風は大切だと考えます。

つまり、やらねばならないときはとことんやる、といった、メリハリが付けられる人材が集まれば、いいチームになると思います。

▼会社に選ばれる人材になるチェックリスト

それでは最後にもう一度、自己診断をしておきましょう。

次の質問に対し、「はい」と答えられる数の多さが、ベンチャー企業への適性の高さとなります。

- □社会人としての一般常識を持っているか。
- □笑顔で人と接することができるか。
- □健康か。
- □大きな挫折を経験したことがあるか。
- □どんな仕事でも創意工夫をしやり甲斐を見いだすことができるか。
- □スポーツや学問、趣味など、大学時代に熱中したものはあるか。あるいは今でも熱中していることはあるか。
- □現在目標に向かって努力していることはあるか。

☑ 常にスキルアップを行う気持ちを持っているか。

☑ 時にはプライベートを後回しにして仕事を優先する柔軟性を持っているか。

☑ チームプレイを行えるか。

☑ 入社を希望している会社の企業理念を理解し共感しているか。

第7章

これからの時代に身に付けておきたいスキル

▼受験勉強や学校の勉強は、これからの時代にこそ役に立つ

最後の章では、これから大きく変化する時代に備えて、若い人がどのようなスキルを身に付けておけば良いのかについてアドバイスします。

私は、これからは専門的な知識の修得よりも、広く浅い知識を持つことが重要だと考えています。

専門的な知識は検索して調べれば良いですし、それだけで解決できなければ専門家を検索して調べ出し、相談すれば良いのです。

意外に思われるかもしれませんが、私は学校で学ぶことや受験勉強をすることが、とても役立つ時代が来たと考えています。

よく、学校の勉強や受験勉強などは、社会に出たら役には立たないという人がいます。しかし私はそうは思いません。

確かに知らないことやわからないことはインターネットで調べれば良いですし、専門家に相談すれば良いのですが、その際にどのようなキーワードで検索すれば良いのかという適切な「アタリ」を付けるための知識が必要です。そのためには**幅広い知**

識や一般常識、そして一般的な教養を身に付けておく必要があります。

普段から様々な情報に接することも重要ですが、一般常識や教養のベースとしての学力があった方が良いのです。

これに対して学校の勉強や受験勉強などは、学校を卒業したら忘れてしまうから意味が無いという意見も聞きますが、私はそうは思いません。

大事なことは、たくさんの知識が一度は頭を通過したという経験です。

一度勉強したことを、何から何まで覚えている必要などありません。しかし、一度でも覚えたことがある、あるいは理解したことがあるという体験をしていれば、忘れたことや新しいことを調べようとしたときに、なんとなくこのあたりのキーワードで調べられるのではないかという「アタリ」を付けやすくなるはずです。

要するに、インターネット上や書籍などの膨大なデータの中の必要な情報に効率よくアクセスする能力の高さは、たくさんのことを一度は学んだことがあるという体験に支えられると考えます。

ですから私は、学校での学びや受験勉強は、これからの時代にこそ役に立つと考えています。

豊富な学習体験が検索能力を高める

ただし、学校で学んだり受験勉強で学習したりした知識だけでは事業を運営する能力としては不十分です。その不足分を補うためには、社会に出てからも様々な知識を身に付けたり、人的ネットワークを構築したりしていく姿勢が大切です。

ところで、これらの不足分を学生時代から身に付ける方法もあります。それはインターンを体験することです。

インターンでは実社会での体験で様様なことを学べますが、より重要なのは、仕事をする上でどのような知識や考え方が重要なのかという勘どころがつかめることです。

▼景気失速とAI時代に求められるスキル

ＡＩが進歩した社会で求められるスキルもまた、専門的な知識や技術よりも、広く浅い知識とＩＴを使いこなす技術だと考えています。

このように言うと誤解されてしまうのですが、専門知識や技術も、それが高度なものであれば大変に有益だと考えます。たとえば一流のプログラマーは食いっぱぐれることは無いでしょう。しかし、中途半端にプログラミング言語をかじっているとか、ＨＴＭＬを理解できるといったレベルのスキルでは、単なる器用貧乏になってしまいます。

また、ある作業に関してのみスキルが高いということでは、その業務から離れられませんし、その業務の需要が無くなったり自動化されてしまったりすれば、潰しが利きません。

ですから、専門知識や技術を身に付けるのであれば、常に時代の変化に対応して最先端を走ることができる超一流の人材を目指し続けなければならないでしょう。

そのような超一流の専門家を目指さないのであれば、様々な仕事において企画やプロデュース、マネジメントできる広く浅い知識を持っていた方が時代の変化に対応しやすくなります。

極端な話、ある程度専門的な知識は検索して調べれば得ることができますし、専門的な技術はアウトソースすれば良いのです。つまり必要なスキルは買うことができる時代です。プログラミングでもデザインでも、クラウドソーシングで人材を探して発注できる時代です。アウトソースが非常に素早く低コストで実現できる時代になっているのです。

ただし、検索やアウトソースをするためには、幅広い知識が必要になります。何かを検索しようにも、適切なキーワードが思いつかなければ検索できません。また、その仕事に適した技術者にアウトソースするためには、技術者を探すための最低限の知識は必要だからです。

そしてもう一つ求められているスキルは、人を巻き込むスキルです。たとえば前述のアウトソースにしても、相手に達成して欲しい仕事の内容をロジカルに説明できるスキルが必要です。

以上のことをまとめて表現すると、これからの時代に必要なスキルとは、事業を運営できるスキルだと言えます。**事業をゼロから立ち上げて、自分で販売できて他のメンバーとコラボすることができる能力**です。

ですから、大手企業でも、経営陣に参加させる人材には、いったん子会社などに出向させて社長を経験させることがあります。これは、一度でも会社全体の業務を把握する経験を積ませておけば、事業運営スキルが高まるためです。

もちろん、そのような経験をさせてもらえるのは、大手企業では予め出世コースに乗れた選ばれた人間だけです。これがベンチャー企業であれば事情は変わってきますが、それについては後ほど触れたいと思います。

▼若いからこそ身に付けておきたいスキルがある

これからの時代に必要とされるスキルは事業運営スキルだとお話ししました。この事業運営スキルとは、より具体的に言うと、複数の職種をまたいで仕事をするというイメージです。

事業を運営するためには、商品企画から営業、経理など、様々な業務が必要です。すなわち事業運営スキルとは、これらの業務全てを見ることができる能力です。

それでは事業運営スキルを身に付けることができる環境はどこにあるのでしょうか。

まず、大企業の場合はどうでしょう。大企業に入社した場合は、細分化された業務の一部だけを任されますので、全体を見ることはできません。仕事の仕組み自体が大きくなっていますから、ある部門の現場で働きながら全体を見ることは困難です。

大企業で全体を見られる立場になるには、50代まで待たねばなりません。早くても40代半ばといったところでしょうか。要するに、出世できなければだめということです。

しかし、大企業では出世できる人は限られますから、事業運営スキルを身に付けられる可能性は低いです。

一方、ベンチャー企業であれば、そもそも人が少ないですし、新しいことに果敢にチャレンジしていく土壌がありますので、早くから新規事業の立ち上げに参加できるなど、全体を見られるチャンスが巡ってきます。

たとえ事業を任せられなくても、一人でやらねばならないことが多いですし、事業規模もまだ小さいことが多いので、やはり全工程に関わらざるを得ないという環境に置かれます。

仮に自分の担当が一部の業務に限られていたとしても、自分の業務の前後の業務も同じフロアで遂行されていたりするため、担当業務以外も見ることができます。

少なくとも、自分の仕事がどのように準備されてきたのか、あるいは自分の仕事の後工程がどのようになっているのかを知ることは容易です。

▼ロジカルシンキングの必要性

この事業運営スキルに必要なのがロジカルシンキングです。事業の全工程を俯瞰して、問題点を見つけ出した上で改善策を考えたり、その考えを現場やマネージャーに伝えるためには、論理的に考える力や習慣が必要です。

ロジカルシンキングについてはたくさんの本が出ていますから、どのようなものかということはそれらの本を読めば理解できます。

しかし、ロジカルシンキングは知識として知っているだけでは役に立ちません。ビジネスの現場で実践することができなければスキルとは言えないのです。やはり自分で考えなければならない境遇に置かれなければだめなのですね。ロジカルシンキングは必然性が無ければ身に付きませんから。

その必然性は、自分が事業を運営する立場になることで生じます。

そのような立場は、大企業よりもベンチャー企業の方が、若い内に体験できます。

また、身に付けたいスキルと言えば多くの学生さんや社会人の方々が、そのトップに英語を挙げるのではないでしょうか。

米国の大学で学び、商社時代は1年間の半分は海外に出張していた私が言うと皆さん意外だという顔をされるのですが、私は英語のスキルはそれほど重要だとは考えていません。

なぜなら、自動翻訳サービスや翻訳アプリの性能が高くなってきており、今後急速に精度を高めると予想できるためです。

あるいは既に専門技術はアウトソースできると述べた通り、どうしても人間の翻訳能力が必要であれば、翻訳技能を持った人にアウトソースするか雇えば良いのです。

むしろ、海外とのビジネスで求められるのは、論理的な説明能力です。つまり、人間の翻訳者であれコンピューターの翻訳システムであれ、**もとの日本語が外国語に翻訳されてもきちんと通じる論理的な話し方、あるいは文章になっているかどうかということ**が重要です。つまり**発信しようとしているコンテンツやアイディアの中身が重要**なのです。

ここでも求められるのはロジカルシンキングのスキルです。

おわりに

なぜベンチャー企業では、ＡＩと共存できる力を身に付けることができるのか。

これからの時代、ＡＩの進化によって、人の仕事は次々と置き換えられていきます。

そんな中、人が提供できる根源的な価値は何か。

新しいものを創り出すことと、今あることを改善してやり方を変えることです。

プロ棋手とＡＩが将棋で勝負をした場合、現在はＡＩの勝率の方が圧倒的に高くなっています。素人では絶対に勝てないでしょう。

ただ、「将棋に変わる別のボードゲームを考えよ」とか「桂馬のルールをどう変えたらもっと面白くなるか考えよ」などの問題だったらどうでしょうか。新しいルール作り、それに基づいたゲームとなれば、ＡＩは対応できず、人が勝つでしょう。

つまりはこういうスキルを身に付けることが、これからの時代において重要になります。ビジネスでいうとこれが稼ぐ力（新規事業を生み出す力、サービスの進化など）になるわけです。

ＡＩができることはＡＩに任せ、人が本来やるべき仕事（新規事業、サービス改善、社内制度チェンジなど）をしていくことが大切です。それがＡＩと共存できる唯一の道であり、その力を身に付けられる最高の場所がベンチャー企業なのです。

ＡＩの進化によって世の中が大きく変わります。こんな時代に大手企業に入社することを成功と考えたり、答えを確認するかのようにありもしないキャリアプランを確認したりすることに意味があるのでしょうか。

最近の若い人たちを見ていて気になるのは、最初から正解を求める人が多いことです。

大学受験もそうですが、志望校に入れなかったから学生生活が充実しなかったということは無いのではないでしょうか。社会人も同じだと思います。

就職先も大事かもしれませんが、それ以上に、入社した会社でどのように活躍できるかの方が遥かに重要になってきます。

ベンチャー企業で働くとなると確かに不安はたくさんあると思います。親の反対、友人からの反応、もしかしたら自分との心の対話で起こる「本当にこれで良かったのか」という葛藤。

一つだけ言えるのは、自分が選択したことを正しいと信じて突き進むことが大切だということです。私はたまたま大手企業の内定を蹴って海外に行き、そこからベンチャー企業に就職しましたが、今では非常に良かったと思っています。

「失敗したらどうしよう」と臆していると感じたら、「おいおい、今失敗しないで歳を取ってから失敗したらどうするの？」という突っ込みを自分に対して入れてみてください。

20代の内の失敗は、たとえば就職先選びで失敗したとか、仕事上でミスを犯したとしても、まだまだ何度でもやり直しが利きます。また、それらの失敗は、必ず将来に活かされるはずです。

それに、若い内の失敗は、周りの人たちも大目に見てくれます。

40代や50代になってから、「取引先に損害を与えてしまった」などという失敗をしたら、出世はおろか、そのまま会社にいることさえ難しくなってしまうかもしれません。

ですから、「若いときの失敗は買ってでもしていこう」という考え方で、物事を前向きに捉えて取り組んでいくチャレンジ精神を鍛えていくべきなのです。

人はリスクを負った挑戦や失敗を経験すると、飛躍的に成長します。だからこそ、やり直しが利く若い内に挑戦や失敗を経験すべきだと思うのです。

まさかと思われるような優良企業の大々的なリストラや外資による買収、事業の売却などが行われる時代に、40代や50代になってから、「こんな会社に入るんじゃなかった」などと嘆いても仕方がありません。自分を守れるのは危機を乗り越えるためのスキルです。

そしてそのようなスキルは、やり直しが利く若い内にこそ、身に付けることができるのです。

本書が若い人たちに少しばかりの勇気を与えることができれば、本書の目論見は成功したと言えます。

最後に、本書の出版は、私の考えに共感いただき、編集にご尽力をいただいた早川愛氏、地蔵重樹氏、そして幻冬舎の片野貴司氏をはじめとして、各方面の有識者・スタッフの皆さまのご協力、ご指導がなければ、実現することはありませんでした。

また、これら有識者・スタッフ、日々の企業運営においてご助言、ご指導、応援をしていただける、株式会社ファインドスターグループ代表取締役の内藤真一郎氏、弊社のマネージャーである廣瀬絵美氏はじめ、社員、知人、友人、妻・家族、そして本書を手にしていただいた読者の皆様に、この場をお借りして深く感謝申し上げます。

清水　宏

2018年3月

清水 宏

Shimizu Hiroshi

1972年、愛知県名古屋市生まれ。

株式会社スタートライズ代表取締役。

専門商社を経て、2001年、ファインドスター株式会社へ入社。翌年、ニッチメディア広告事業を立ち上げ収益化に成功する。その後、複数の新規事業立ち上げ等を経て、11年、株式会社スタートライズを設立。

現在は、3750以上のニッチメディアを広告事例・広告実績も含めて集約し、日本最大級のニッチメディアデータベースを会員制にて提供するなど、ニッチメディアの第一人者として、業界内の認知度向上とマーケット拡大に奔走している。

新卒はベンチャー企業へ行きなさい
AI共存時代の「稼ぐ力」の磨き方

2018年3月10日　第1刷発行

著　者　清水 宏
発行人　見城 徹

発行所　株式会社 幻冬舎
〒151-0051　東京都渋谷区千駄ヶ谷4-9-7

電話　03(5411)6211(編集)
03(5411)6222(営業)
振替　00120-8-767643
印刷・製本所　図書印刷株式会社

検印廃止

ISBN978-4-344-03274-3　C0095
幻冬舎ホームページアドレス　http://www.gen

この本に関するご意見・ご感想をメールでお寄せい
comment@gentosha.co.jpまで。

いですから、管理者も一人ひとりの行動や働き方まで追跡することは効率が悪いため、はじめに目標値を与えて、その達成度だけを見ているといった状態になりがちです。たとえば今月の目標は各自500万円だから、頑張れ、という具合です。これだけでは何をどう頑張ったら良いのかわかりませんよね。

その結果、なぜその数値目標を達成できなかったのかという原因究明や、達成できないかもしれないというプロセスの途中でアドバイスや援護をすることができません。しかしベンチャー企業の場合は社員数が少ないですから、管理者や社長はより親身になって社員の働き具合を管理することができます。

たとえば私の会社の場合では、営業部員に対して数値目標による管理も行いますが、プロセス管理も重視しています。

もう少し具体的に説明しましょう。

たとえば営業の管理にはファネル分析を用います。ファネルとは漏斗《じょうご》のことで、契約成立までに、徐々に顧客が絞られていく段階を示します。

つまり、50件のテレアポを行えば8件が訪問でき、8件訪問すればそのうち3件が再訪問できる。そして再訪問した内の2件は案件化でき、そのうち1件が商談成立となる、というようにおおよその数値を予想できている状態です。

これを逆に考えれば、今月3件の受注を達成するためには、150件のテレアポを行う必要があるといったことがわかります。このように、目標に対して各段階、つまりプロセスにおける目標が決まってきますので、現在自分が目標に向かって順調に進んでいるのかどうかが、容易に把握できるわけです。

▼本当に管理できる人数は8人まで

このプロセスを私もチェックしていますので、途中で予想外の数字が出た場合、すぐに問題が発生していることがわかります。

たとえば初回訪問が8件あったにもかかわらず、再訪問が3件に達していなければ、この営業担当者は初回訪問時に何か技術上の問題を抱えているのかもしれない、あるいはこの頃、何か健康上の理由やプライベートな問題を抱えていたのかもしれないなど推測できます。

清水 宏
Shimizu Hiroshi

1972年、愛知県名古屋市生まれ。

株式会社スタートライズ代表取締役。

専門商社を経て、2001年、ファインドスター株式会社へ入社。

翌年、ニッチメディア広告事業を立ち上げ収益化に成功する。

その後、複数の新規事業立ち上げ等を経て、11年、株式会社スタートライズを設立。

現在は、3750以上のニッチメディアを広告事例・広告実績も含めて集約し、日本最大級のニッチメディアデータベースを会員制にて提供するなど、ニッチメディアの第一人者として、業界内の認知度向上とマーケット拡大に奔走している。

新卒はベンチャー企業へ行きなさい
AI共存時代の「稼ぐ力」の磨き方

2018年3月10日　第1刷発行

著　者　清水 宏
発行人　見城 徹

発行所　株式会社 幻冬舎
〒151-0051　東京都渋谷区千駄ヶ谷4-9-7

電話　03(5411)6211(編集)
03(5411)6222(営業)
振替　00120-8-767643
印刷・製本所　図書印刷株式会社

検印廃止

Printed in Japan
ISBN978-4-344-03274-3　C0095
幻冬舎ホームページアドレス　http://www.gentosha.co.jp/

この本に関するご意見・ご感想をメールでお寄せいただく場合は、
comment@gentosha.co.jpまで。